चिरस्मरणीय

महान व्यक्तित्व

भाग

6

चिल्ड्रन्स बुक ट्रस्ट, नई दिल्ली

MAHAN VYAKTITWA BHAG-6

चित्रांकन : बी. जी. वर्मा एवं आर. आशीष बागची
आवरण : सौरभ पाण्डेय
अनुवाद : सुभाषचन्द्र सत्य

पुनर्मुद्रण 2002, 2003, 2008, 2010, 2011, 2014, 2019, 2020, 2023.

ISBN 81-7011-834-4

चिल्ड्रन्स बुक ट्रस्ट, नेहरू हाउस, 4 बहादुरशाह ज़फर मार्ग, नई दिल्ली-110002
द्वारा प्रकाशित एवं न्यास के इंद्रप्रस्थ प्रेस में मुद्रित। दूरभाष : 23316970-74
ई-मेल : cbtnd@cbtnd.com वेबसाइट : www.childrensbooktrust.com
www.childrensbooktrust.org

दादाभाई नौरोजी

जे.सी. मेहता

“यदि मुझे भारत का वयोवृद्ध नेता कहा जाए और इस पर मैं बेहद खुशी जाहिर करूं तो क्या यह आत्मप्रदर्शन है? नहीं, यह खिताब तो मेरे प्रति मेरे देशवासियों के अपार स्नेह, कृतज्ञता और उदारता का प्रतीक है और मैं चाहे इसके योग्य हूं या नहीं, यह मेरे जीवन का सबसे बड़ा इनाम है।”

दादाभाई नौरोजी

दादाभाई नौरोजी

दादाभाई नौरोजी के जीवन काल में भारत अपने इतिहास की दृष्टि से घोर अंधकार के दौर से गुजर रहा था। अंगरेज भारत में अपना विस्तार कर रहे थे और अपना शिकंजा मजबूती से कसते जा रहे थे। जिन भारतीय राजा महाराजाओं ने विदेशी आक्रमण के विरुद्ध परंपरागत रूप से नेतृत्व किया था, वे अंगरेजों से पूरी तरह परास्त हो चुके थे।

भारतीय जनता और उसका सामाजिक व आर्थिक जीवन एकदम क्षीण हो गया था। उनकी हिम्मत टूट चुकी थी और उन्होंने सब कुछ भाग्य के भरोसे छोड़ दिया था। सारे देश का खून मानो सफेद पड़ गया था, ऐसा लगता था जैसे लोगों ने बेहोशी की दवा पी रखी है।

पहले के हमलावरों की तरह अंगरेज लूटपाट करने वाले छापामारों की तरह भारत में नहीं आए। वे व्यापारिक गतिविधियों के जरिए भारत में चुपचाप प्रविष्ट हुए। उन्होंने स्थानीय राजाओं-नवाबों की आपसी प्रतिद्वंद्विता का फायदा उठाकर उनकी एक-दूसरे के खिलाफ मदद की और उकसाया। उन्होंने सारे देश पर कब्जा कर लिया और वे उसे अपनी जायदाद समझने लगे। उनका एकमात्र उद्देश्य था—भारत को कमजोर करके रातोंरात अमीर बनना। अंगरेजों ने शोषण के जो विविध तरीके अपनाए वे इतने चालाकी भरे थे कि भोले-भाले भारतवासी उन्हें समझ ही नहीं पाए।

इसके अलावा अलग रंगरूप, वेशभूषा, भाषा तथा संस्कृति के कारण

अंगरेजों ने अपनी अलग और बेहतर पहचान बना ली, मानो उन्होंने शासन करने के लिए ही जन्म लिया हो। उन्होंने भारतवासियों को तिरस्कार के लहजे में 'काला आदमी' कहकर जले पर नमक छिड़का और उन्हें असभ्य तथा कमजोर चरित्र का कम अक्ल वाला आदमी समझा।

ऐसे समय में दादाभाई नौरोजी ने देश को निस्वार्थ एवं अखण्ड नेतृत्व प्रदान किया। उन्होंने एक ओर देशवासियों को नींद से जगाया और दूसरी ओर अंगरेजों द्वारा देश के निरंतर शोषण तथा भारतवासियों की गरीबी के खिलाफ आवाज उठाई। दादाभाई नौरोजी की जीवन गाथा अद्वितीय देशभक्ति तथा अपनी मातृभूमि के प्रति निस्वार्थ समर्पण का वृत्तांत है।

प्रारंभिक जीवन

दादाभाई का जन्म 4 सितंबर, 1825 को मुंबई में एक गरीब पुरोहित पारसी परिवार में हुआ था। दादाभाई अभी चार वर्ष के ही थे कि उनके पिता नौरोजी पालनजी दोरदी की मृत्यु हो गई। उनकी माता मानेकबाई ने कठिन परिश्रम करके दादाभाई का पालन-पोषण किया। हालांकि वे स्वयं अनपढ़ थीं किंतु उन्होंने अपने पुत्र को उत्तम अंगरेजी शिक्षा दिलवाई और उनमें उत्कृष्ट चरित्र विकसित किया।

स्कूल में दादाभाई ने मानसिक गणित में विलक्षण प्रतिभा का परिचय दिया। गौरवर्ण, सुंदर चेहरे तथा छरहरे बदन के कारण सभी का ध्यान उनकी ओर आकर्षित होता था। बड़े-बूढ़े अक्सर उन्हें 'जोंगलो' (अंगरेज) कहते थे। दादाभाई ने अपनी उच्च शिक्षा मुंबई के एल्फिंस्टन इंस्टिटयूशन (अब कॉलेज) में प्राप्त की। कॉलेज में उन्होंने असाधारण योग्यता का परिचय दिया और अंगरेजी तथा गणित में विशिष्ट स्थान प्राप्त किया। उनके एक अध्यापक प्रोफेसर ओर्लेबर उन्हें "भारत का होनहार" कहा करते थे। मुंबई के तत्कालीन मुख्य न्यायाधीश और शिक्षा बोर्ड के अध्यक्ष, सर एर्सकीन पेरी, दादाभाई की प्रतिभा से

इतने प्रभावित हुए कि उन्होंने कहा कि यदि दादाभाई उच्च शिक्षा के लिए इंग्लैंड जाना चाहें तो पढ़ाई का आधा खर्च वे स्वयं उठाने को तैयार हैं। परंतु पारसी समुदाय के बुजुर्गों ने जिन्हें बाकी का आधा खर्च उठाना था, यह पेशकश ठुकरा दी। उन्हें डर था कि कहीं दादाभाई भी पहले इंग्लैंड गए नौजवानों की तरह वहां ईसाई धर्म स्वीकार करके किसी अंगरेज लड़की से शादी न कर लें।

शिक्षा पूरी करके दादाभाई नौरोजी को एल्फिंस्टन इंस्टिट्यूशन में हैड नेटिव असिस्टेंट मास्टर की नौकरी मिल गई। जल्दी ही वे सहायक प्रोफेसर बन गए तथा दो वर्ष बाद वे गणित और प्राकृतिक दर्शन शास्त्र के प्रोफेसर बना दिए गए। इस पद पर नियुक्त होने वाले वे पहले भारतीय थे। दादाभाई इसे अपने कार्य-काल की सबसे बड़ी घटना मानते थे।

सुधारक

संतोषजनक नौकरी मिल जाने के बाद दादाभाई का ध्यान समाज सुधार की ओर गया। वे स्त्री-पुरुष की समानता में विश्वास करते थे। उन्होंने देखा कि भारतीय महिलाओं के पिछड़ेपन का मुख्य कारण उनमें व्याप्त अशिक्षा है। उन्होंने अपने समाज सुधार के काम की शुरुआत औरतों को शिक्षित करने से की।

एल्फिंस्टन इंस्टिट्यूशन की 'स्टूडेंट्स लिटरेरी एंड साइंटिफिक सोसायटी' की मदद से उन्होंने 4 अगस्त, 1849 को लड़कियों के लिए मराठी तथा गुजराती की मुफ्त कक्षाएं लगाना प्रारंभ किया। परंतु रूढ़िवादी लोगों ने इसका कड़ा विरोध किया। उन्होंने अपनी लड़कियों को इन कक्षाओं में नहीं भेजा क्योंकि वे सोचते थे कि शिक्षा से लड़कियां 'बिगड़' जाएंगी। शुरू में उन्हें लड़कियों को कक्षाओं में बुलाने के लिए घर-घर जाकर लोगों को धैर्यपूर्वक समझाने में महीनों लग गए।

समय के साथ लोगों को महिला शिक्षा के फायदे समझ में आने लगे तथा उन्होंने लड़कियों के स्कूलों के लिए दो उपयुक्त भवन भी उपलब्ध

कराए। दादाभाई तथा उनके सेवाभावी साथी इन स्कूलों में अवैतनिक अध्यापक के रूप में पढ़ाते थे। समृद्ध कामा परिवार ने दो वर्ष तक स्कूलों के लिए धन दिया। उसके बाद स्कूलों को चलाने और धन की व्यवस्था करने का काम जनता ने खुद संभाल लिया और इस तरह के कुछ और स्कूल भी खोले। इस प्रकार लड़कियों के लिए शिक्षा परिवार और समाज के स्तर पर मानदंड बन गई।

दादाभाई और उनके समर्पित साथियों द्वारा इस दिशा में मार्ग प्रशस्त किए जाने की अत्यंत सराहना हुई। मुंबई के गवर्नर ने इसे "मुंबई प्रेसीडेंसी में शिक्षा के इतिहास की युगांतरकारी घटना" कहकर प्रशंसा की।

दादाभाई ने औरतों के प्रति उस समय हो रहे अन्य बहुत से अन्यायों के खिलाफ भी आवाज उठाई।

पुरुषों में प्रौढ़ शिक्षा के प्रसार के लिए दादाभाई ने ध्यान प्रसारक मंडली ज्ञान संवर्धन के लिए समिति की ज्ञान स्थापना की। इस मंडली द्वारा बड़ी-बड़ी सभाएं आयोजित करके स्थानीय भाषाओं में सामान्य जागरूकता के विषयों पर चर्चा की जाती थी। लोक विज्ञान के विषयों पर व्याख्यान तथा साथ में विज्ञान के प्रयोग दिखाने के कार्यक्रमों में बड़ी संख्या में श्रोता इकट्ठे होते थे। कुछ ही सालों में लोगों में जागरूकता तथा उनके विचारों व जीवन शैली में स्पष्ट परिवर्तन दिखाई पड़ने लगा।

दादाभाई का सामाजिक कार्य केवल शिक्षा तक ही सीमित नहीं था। उन्होंने विधवा विवाह समिति, पारसी व्यायामशाला, ईरानी फंड, विक्टोरिया एंड अल्बर्ट म्यूज़ियम, फ्रामजी कोवसजी इंस्टिट्यूट के अलावा देश भर में टेंपरेंस सोसाइटी (मद्य निषेध समितियां) बनाई। उन्होंने खुद काम करके, मार्गदर्शन देकर तथा चंदा लेकर और अन्य कई स्रोतों से धन एकत्र करके इन संगठनों की गतिविधियों में भी सहायता की।

अपने सुधार आंदोलन को और आगे बढ़ाने तथा प्रगतिशील विचारों के प्रसार के उद्देश्य से दादाभाई ने 15 नवंबर, 1851 को गुजराती में

पाक्षिक पत्रिका, रस्त गुफ्तार (सत्य भाषी) का प्रकाशन शुरू किया। इसके खर्च का भार उनके मित्र खुर्शेदजी नोशेरवांजी कामा ने उठाया। दादाभाई बिना पारिश्रमिक लिए काम करते थे। पत्रिका में कोई विज्ञापन नहीं होता था और शुरू में यह मुफ्त बांटी जाती थी। बाद के वर्षों में दादाभाई ने जब भी जरूरत समझी, कुछ और पत्रिकाएं भी प्रकाशित कीं।

राजनीति में

भारत में ईस्ट इंडिया कंपनी, इंग्लैंड में ब्रिटिश सरकार द्वारा मंजूर किए गए 20 साल के पट्टे पर काम कर रही थी। कंपनी को सन् 1833 में जारी किए गए इस पट्टे की अवधि सन् 1853 में समाप्त होनी थी। सन् 1852 में कंपनी पट्टे के नवीनीकरण के लिए आवेदन पत्र दिया। शिक्षित भारतीयों ने, जो कंपनी को भारत की कई मुसीबतों के लिए जिम्मेदार मानते थे, अवधि बढ़ाने के अनुरोध का विरोध करने का फैसला किया।

दादाभाई ने एल्फिंस्टन इंस्टिट्यूशन में सरकारी नौकरी के बावजूद वहां बहुत बड़ी सभा के आयोजन में अग्रणी भूमिका निभाई। 26 अगस्त, 1852 को मुंबई प्रेसिडेंसी के पहले राजनीतिक संगठन, मुंबई एसोसिएशन का गठन हुआ। संगठन की ओर से पट्टे के नवीनीकरण का विरोध करते हुए एक जोरदार याचिका इंगलैंड में ब्रिटिश सरकार को भेजी गई।

यद्यपि इस याचिका से पट्टे का नवीनीकरण नहीं रुका तथापि इससे इंग्लैंड में हलचल जरूर मच गई। सही सोच वाले बहुत से अंगरेज नेताओं ने भारत की मांग के समर्थन में भाषण दिए और लेख लिखे। इससे इंग्लैंड में भारत के बारे में प्रचलित कई गलत धारणाएं दूर हो गईं। दादाभाई ने इससे यह बात सीखी कि सूझबूझ और संगठित ढंग से चलाए जाने वाले आंदोलन का अच्छा लाभ मिलता है और शिक्षाविद् दादाभाई, राजनीतिज्ञ दादाभाई बन गए।

देश की समस्याओं का विश्लेषण

दादाभाई मानते थे कि भारत में अंगरेजों का कुशासन ही गरीबी, अज्ञानता और अकाल जैसी सभी समस्याओं की जड़ है। परंतु वे यह भी मानते थे कि अंगरेज जान-बूझकर कुशासन नहीं कर रहे हैं, क्योंकि उन्होंने किताबों में यही पढ़ा था कि अंगरेज निष्पक्ष और न्यायप्रिय होते हैं। भारत को नुकसान इसलिए पहुंच रहा था क्योंकि अंगरेज भारतीय जीवन-शैली और भारतवासियों की जरूरतों के प्रति अनभिज्ञ थे। इसलिए दादाभाई नौरोजी ने मुंबई एसोसिएशन में अपने पहले भाषण में कहा, "ब्रिटिश सरकार हम पर कोई भारी जुल्म नहीं कर रही...जिन बुराइयों के बारे में हमें शिकायत है, उसका कारण है अपने देश से सीधे यहां आने वाले यूरोपीय अधिकारियों की अनभिज्ञता।"

इन हालात को ठीक करने के लिए उन्होंने छोटी-छोटी रियायतों की मांग की, जैसे कि भारतीयों को उच्च पदों पर नियुक्त किया जाए; उन्हें प्रशासन तथा विधान मंडलों के संचालन में भागीदार बनाया जाए, इंडियन सिविल सर्विस (आई.सी.एस) की प्रतियोगी परीक्षा भारत और इंग्लैंड में एक साथ कराई जाए, भारतीयों को इंग्लैंड में पढ़ाई के लिए छात्रवृत्तियां दी जाएं और भारतीय प्रशासन का खर्च कम किया जाए तथा अपने हिस्से का खर्च इंग्लैंड उठाए। ये रियायतें आज भले ही मामूली दिखाई देती हैं, परंतु दादाभाई को इन्हें प्राप्त करने के लिए बहुत लंबा संघर्ष करना पड़ा।

समाधान के रूप में दादाभाई के मन में तीन सूत्री कार्यक्रम था: (क) भारत के आम लोगों को शिक्षित करना और उन्हें अपने अधिकारों के प्रति जागरूक बनाना। उस दिशा में उन्होंने अपने शिक्षात्मक एवं अन्य कार्यक्रमों के जरिए शुरूआत कर दी थी। (ख) भारत में कार्यरत ब्रिटिश अधिकारियों को देश की समस्याओं की जानकारी देना; इसके लिए उन्होंने गवर्नरों तथा वाइसरायों को निवेदन पत्र भेजकर उनकी गलत नीतियों की ओर ध्यान दिलाया तथा उन्हें यह बताया कि भारत के हित की बातें क्या हैं: (ग) ब्रिटिश जनता तथा संसद को (जो भारत

में सरकार की नियुक्ति करती और उस पर नियंत्रण रखती थी) भारत की समस्याओं के बारे में समझाना। इसके लिए लंबे समय तक इंग्लैंड में रहना जरूरी था जो दादाभाई जैसे सामान्य आर्थिक स्थिति वाले व्यक्ति के बूते का नहीं था।

ऐसे संकट की घड़ी में कामा परिवार द्वारा इंग्लैंड में एक व्यापारिक फर्म खोलने के निर्णय से और दादाभाई को भागीदार के रूप में इंग्लैंड ले जाने की पेशकश से जैसे उनके लिए अप्रत्याशित लाभ का मार्ग खुल गया। यह देखकर सब लोग हैरान रह गए कि दादाभाई ने प्रोफेसर के पद से इस्तीफा दे दिया और कामा परिवार का प्रस्ताव मंजूर कर लिया। इसमें धन कमाने का इरादा देखते हुए प्रिंसिपल हार्कनेस ने कहा, "दादाभाई, कितने नीचे गिर गए!"

परंतु दादाभाई के लिए देश की सेवा सबसे पहले थी और बाकी सब बातें बाद में। जिसे कुछ लोगों ने पैसे का लालच माना था, वास्तव में वह मातृभूमि के लिए स्वेच्छा से निर्वासन स्वीकार करना था। अपनी युवा पत्नी गुलबाई और बच्चों को अपनी बूढ़ी मां तथा एक दोस्त के भरोसे छोड़कर दादाभाई 27 जून, 1855 को इंग्लैंड रवाना हो गए।

दादाभाई का इंग्लैंड जाने के पीछे ब्रिटिश लोगों को शिक्षित करने के साथ-साथ एक और उद्देश्य उन भारतीय छात्रों की देखरेख करना था जो उच्च शिक्षा लेने या आई.सी.एस. की परीक्षा में बैठने के लिए वहां जाते थे। घर से दूर, अलग जलवायु तथा भिन्न सामाजिक परिवेश में उन्हें बहुत-सी मुश्किलें पेश आती थीं। दादाभाई वहां एक मार्गदर्शक और संरक्षक की तरह उनकी देखभाल करते थे। वे उनके भौतिक सुख-दुख की देखभाल के साथ-साथ उनमें मेल जोल बनाए रखते थे और उनके मन में राष्ट्रीय स्वाभिमान का भाव जागृत करते थे।

महात्मा गांधी 'बार-एट लॉ की पढ़ाई के लिए जब सन् 1888 में इंग्लैंड गए तो उन्हें भी दादाभाई का संरक्षण मिला। महात्मा गांधी ने दादाभाई के बारे में लिखा, "...असल में वे सभी भारतीय विद्यार्थीयों के लिए पिता के समान थे...और इसलिए दादाभाई मेरे लिए भी सचमुच के दादा बन गए।"

वहां उनकी कंपनी का व्यापार आराम से चल रहा था और मुनाफा भी हो रहा था। परंतु दादाभाई को यह बात अच्छी नहीं लगी कि कामा एंड कंपनी अफीम और शराब जैसी चीजों का भी व्यापार करती थी। उनके खयाल में ये चीजें इस्तेमाल करने वालों और उनके परिवारों की जिंदगी बरबाद करती थीं। ऐसे व्यापार से कमाया गया पैसा अपने पास रखने की बात उन्हें रास नहीं आई और वे कामा एंड कंपनी से अलग हो गए।

सन् 1859 में उन्होंने इंग्लैंड में दादाभाई नौरोजी एंड कंपनी की स्थापना की। उसमें वे ईमानदारी तथा नैतिकता के अपने सिद्धांतों के मुताबिक काम कर सकते थे। उन्होंने दुनिया को दिखा दिया कि ईमानदारी से काम करके और अफीम व शराब जैसी बुरी चीजों के व्यापार से बचकर भी अमीर बना जा सकता है।

अमेरिका में गृहयुद्ध रुक जाने के बाद इंग्लैंड में अधिकतर व्यापारिक प्रतिष्ठानों का काम-काज ठप हो गया। जिन फर्मों को दादाभाई की बड़ी-बड़ी रकम चुकानी थी, वे नहीं चुका पाईं। इसके बावजूद दादाभाई ने अपनी देनदारियां चुकाने के साथ-साथ उन लोगों की बकाया रकम भी चुकता की जिनके लिए उन्होंने जमानत दी थी। हालांकि इस तरह उन्होंने स्वयं को तबाह कर लिया किंतु ईमानदारी और अच्छे आचरण के लिए उन्होंने ख्याति अर्जित की। दोस्तों की मदद से उनका व्यापार चल निकला और वे फिर अमीर बन गए।

भारत द्वारा आह्वान

कुछ समय के पश्चात् दादाभाई का ज्यादा वक्त देशभक्ति के कामों में लगने लगा और उनका व्यवसाय गौण होकर पृष्ठभूमि में चला गया। कुछ समय तक तो वे अपने मैनेजरों की मदद से कारोबार चलाने की कोशिश करते रहे, परंतु अंत में सन् 1881 में उन्हें कारोबार बंद करना पड़ा।

सन् 1855 से सन् 1907 तक दादाभाई कभी भारत में और कभी

इंग्लैंड में रहते रहे। ऐसा वे अपने कारोबार या परिवार के कारण कम, देश प्रेम के कारण अधिक कर रहे थे। इंग्लैंड में वे जनता तथा संसद सदस्यों में भारत की समस्याओं के प्रति जागरूकता लाना चाहते थे और वहां भारत के मित्र तथा हमदर्द तैयार करना चाहते थे। इसके लिए वे विद्वानों की कई संस्थाओं के सदस्य बने और उनकी गतिविधियों में भाग लिया। उन्होंने इन संस्थाओं में भारतीय समस्याओं के बारे में व्याख्यान दिए तथा वहां से प्रकाशित पत्र-पत्रिकाओं में लेख लिखे।

दादाभाई ने कई नई संस्थाएं भी बनाईं। उन्होंने सन् 1865 में लंदन इंडियन सोसायटी और 1 दिसंबर, 1866 को ईस्ट इंडिया एसोसिएशन की स्थापना की। दूसरी संस्था के सदस्य वे लोग थे जो भारत में उच्च पदों से सेवानिवृत्त हुए थे। उनमें से कुछ व्यक्ति तब तक संसद के सदस्य बन चुके थे या इन सदस्यों तक उनकी पहुंच थी। इन संस्थाओं के कार्यकलापों के जरिए दादाभाई को संसद के अंदर और बाहर अनेक लोगों को भारतप्रेमी बनाने में सफलता मिली। इन लोगों की मदद से वे उन कार्रवाइयों का विरोध कर सकते थे जिनसे इंग्लैंड में रह रहे भारतीय छात्रों या दक्षिण अफ्रीका के भारतीयों अथवा भारत के हितों को नुकसान पहुंच सकता था। वे बार-बार संसद में भारत की समस्याओं पर प्रश्न उठवाते और चर्चा करवाते थे। ईस्ट इंडिया एसोसिएशन को अधिक सक्रिय और उपयोगी समझकर उन्होंने उसकी शाखाएं मुंबई, कलकत्ता और चेन्नई में भी खोल दीं।

अंगरेजों की कड़ी आलोचना करते हुए दादाभाई उन्हें भारत की गरीबी और अज्ञान के लिए जिम्मेदार ठहराते थे। यहां तक कि भारत में दुर्भिक्ष और प्लेग जैसी बीमारियों के लिए भी वे उन्हें ही जिम्मेदार मानते थे क्योंकि उन्होंने इन सबकी रोकथाम के लिए कुछ नहीं किया। दादाभाई ने बड़ी दृढ़ता के साथ यह बात कही कि अंगरेज भारत पर शासन भारतीयों के लिए नहीं कर रहे हैं। इसके अलावा भारत में उनका शासन वैसा नहीं था जैसा इंग्लैंड में था। दादाभाई वहां भारत के गैर-सरकारी राजदूत की तरह रहे। भारत के खिलाफ कही गई किसी भी बात को उन्होंने बिना प्रतिवाद किए नहीं छोड़ा।

दादाभाई के प्रयासों को पहली सबसे बड़ी सफलता सन् 1866 में मिली जब भारत के लिए सेक्रेटरी ऑफ स्टेट को साठ में से नौ भारतीयों को आई.सी.एस के लिए नामजद करने को राजी होना पड़ा। दादाभाई के लिए यह महत्वपूर्ण विजय थी, हालांकि उन्हें नामांकन के जरिए नियुक्ति होना पसंद नहीं था।

दीवान

जिन संगठनों को दादाभाई नौरोजी ने स्थापित किया था, उनके लिए धन एकत्र करने के लिए उन्हें अनेक लोगों के पास जाना पड़ता था। इसके लिए वे भारतीय रियासतों के राजाओं व नवाबों के पास भी गए। दादाभाई इन सब के बीच लोकप्रिय थे क्योंकि वे उन्हें बहुत-से मामलों में अनौपचारिक सलाह भी दिया करते थे। कुछ राजा-महाराजाओं ने तो उन्हें खुलकर दान दिया।

उन्हीं में से एक, बड़ौदा के महाराजा मल्हारराव गायकवाड़ तो अपने कुशासन तथा जघन्य कार्यों के कारण हमेशा मुसीबत में रहते थे। उनके गलत कार्यों की जांच के लिए सरकार ने आयोग गठित किया था। उस समय महाराजा ने दादाभाई की जरूरत महसूस करके उन्हें सन् 1874 में अपना दीवान नियुक्त किया। दादाभाई ने बहुत बेमन से यह पद स्वीकार किया।

बड़ौदा में ब्रिटिश सरकार का रेजीडेंट दादाभाई को पसंद नहीं करता था अतः वह सरकार को दादाभाई के खिलाफ बेसिर पैर की उल्टी रिपोर्टें भेजने लगा। परंतु सरकार ने दादाभाई के विरुद्ध कोई कार्रवाई करने के बजाय रेजीडेंट को लताड़ा और उसका बड़ौदा से तबादला कर दिया। इससे पता चलता है कि ब्रिटिश सरकार की नीतियों की हमेशा आलोचना करने के बावजूद दादाभाई का सरकार में कितना अच्छा रसूख था।

एक साल के भीतर दादाभाई ने रियासत के पूरे प्रशासन को स्वच्छ और चुस्त-दुरुस्त बना दिया तथा वहां कुशलता व ईमानदारी से काम

होने लगा। जब जांच का खतरा कम हो गया तो महाराजा को कठोर अनुशासन तथा ईमानदारी अखरने लगी। महाराजा के मन की बात भांपकर दादाभाई ने सन् 1875 में दीवान के पद से इस्तीफा दे दिया और मुंबई चले गए। कुछ ही दिनों बाद उन्हें खबर मिली कि उनके वहां से चले आने पर मन ही मन खुश हो रहे महाराजा को गद्दी से उतार कर गिरफ्तार कर लिया गया था।

इंग्लैंड लौटने से पहले सन् 1875 में दादाभाई मुंबई नगर निगम के सदस्य निर्वाचित हुए तथा उसकी वित्त समिति के लिए भी चुने गए। वहां अपने संक्षिप्त कार्यकाल में ही उन्होंने नए जल प्रबंध कार्यों पर होने वाले खर्च तथा कर्जों पर ब्याज के भुगतान में काफी बचत करके वाहवाही लूटी।

'ड्रेन थ्योरी' (धन निर्गम सिद्धांत)

दादाभाई गणित और धन तथा सार्वजनिक वित्त संबंधी मामलों में बहुत ही निपुण थे। वर्षों की अथक मेहनत के बाद आंकड़े और तथ्य एकत्र करके उन्होंने एक नया सिद्धांत प्रतिपादित किया, जिसे उन्होंने 'ड्रेन थ्योरी' नाम दिया। संक्षेप में इसका अर्थ है कि किसी देश पर विदेशी शासन का अपरिहार्य परिणाम होता है, शासित देश के धन को शासक देश द्वारा चूस लेना या हड़पकर अपने देश में ले जाना।

इसलिए दादाभाई भारत की घोर गरीबी के लिए ब्रिटिश सरकार को ही पूरी तरह दोषी मानते थे। उनका कहना था कि भारत की गरीबी हर साल बढ़ती जा रही है। उन्होंने आंकड़ों से सिद्ध किया कि एक भारतीय की औसत सालाना आय सिर्फ 20 रुपए है जबकि 'कर' बहुत अधिक वसूल किए जाते हैं। गरीबी में डूबे होने के बावजूद भारत दुनिया में सबसे अधिक शानो-शौकत और खर्च वाले प्रशासन का बोझ उठाए हुए है। उन्होंने उदाहरण दिया कि ब्रिटेन के प्रधानमंत्री का मासिक वेतन 5 हजार रुपए है जबकि भारत के गवर्नर जनरल को भारतीय खजाने से 20 हजार रुपए मासिक वेतन मिलता है।

37 साल के आयात-निर्यात के आंकड़ों का हवाला देते हुए उन्होंने सिद्ध किया कि हर साल भारत के आयात के मुकाबले उसका निर्यात 50 करोड़ रुपए अधिक है। परंतु यह राशि भारत में कभी नहीं आती। इसके विपरीत भारत को हमेशा घाटे की स्थिति में ही दिखाया जाता है। उन्होंने अंगरेज शासकों द्वारा भारत की संपत्ति हड़पने के लिए अपनाए जा रहे हथकंडों का कच्चा चिट्ठा ब्रिटिश जनता तथा दुनिया के सामने खोलकर रख दिया।

दादाभाई के सुझाव पर भारत के प्रशासन की जांच के लिए संसद के दोनों सदनों की एक प्रवर समिति नियुक्त की गई। परंतु समय से पहले संसद भंग हो जाने के कारण यह समिति काम नहीं कर सकी। जिन ब्रिटिश लोगों को दादाभाई 'न्यायप्रिय' समझते थे उनसे दादाभाई का मोहभंग होता जा रहा था। अपने एक लेख में उन्होंने लिखा, "सच तो यह है कि इंग्लैंड भारत का सबसे अधिक अनर्थकारी और विध्वंसात्मक विदेशी हमलावर है।" निराश होकर उन्होंने भारत के 'सेक्रेटरी ऑफ स्टेट' को पत्र लिखकर कहा, "यदि लोगों की कठिनाइयां दूर नहीं की गईं तो वे न केवल ब्रिटिश सामान का बल्कि ब्रिटिश शासन का भी बहिष्कार करेंगे।" उनकी यह भविष्यवाणी बाद में कितनी सच निकली!

ब्रिटिश सरकार ने दादाभाई के अनुनय विनय तथा चेतावनियों पर कोई ध्यान नहीं दिया, बल्कि उसका रवैया और सख्त होता गया। ब्रिटिश शासन की बुराइयों को दुनिया के सामने रखने के उद्देश्य से उन्होंने अपने लेखों, याचिकाओं और वक्तव्यों को संकलित करके इंग्लैंड में *पॉवर्टी एंड दि अन-ब्रिटिश रूल इन इंडिया* शीर्षक से एक पुस्तक के रूप में प्रकाशित किया। यह स्मारकीय पुस्तक भारतीय अर्थशास्त्र के छात्रों द्वारा आज भी रुचि के साथ पढ़ी जाती है।

इंडियन नेशनल कांग्रेस

ए.ओ. ह्यूम द्वारा सन् 1885 में इंडियन नेशनल कांग्रेस की स्थापना होना भारत के स्वतंत्रता संग्राम की सबसे महत्वपूर्ण घटना है। दादाभाई

ने कांग्रेस की स्थापना में मदद की। ये इसके संस्थापक सदस्यों में से एक थे। कांग्रेस ने पूरे देश में हलचल मचा दी और लोगों में बड़ी तेजी से एकता तथा राष्ट्रवाद की भावना का संचार किया। जो स्वतंत्रता आंदोलन कुछ पढ़े-लिखे लोगों तक ही सीमित था, अब जन आंदोलन बन गया; इसी के लिए दादाभाई एक लंबे अरसे से जूझ रहे थे।

इसके बाद दादाभाई भारत में रहे या इंग्लैंड में, कांग्रेस ही उनके चिंतन का केंद्र बनी रही। उन्होंने प्रारंभिक अवस्था में कांग्रेस का पोषण किया। उसके विरुद्ध की गई आलोचनाओं का जवाब दिया तथा विभाजनकारी प्रवृत्तियों से उसकी रक्षा की। उन्होंने सन् 1886 (कलकत्ता), सन् 1893 (लाहौर) और सन् 1906 (कलकत्ता) में हुए कांग्रेस के तीन अधिवेशनों की अध्यक्षता की।

सन् 1906 में पार्टी के भीतर उग्रवादी गुट के उभर आने के कारण कांग्रेस दो भागों में विभाजित होने के कगार पर थी। पार्टी को टूटने से बचाने के उद्देश्य से दादाभाई को कलकत्ता अधिवेशन की अध्यक्षता करने के लिए विशेष रूप से इंग्लैंड से बुलाया गया। अपनी सूझबूझ से उन्होंने कांग्रेस को एकजुट रखा। इसी अधिवेशन में उन्होंने पहली बार कांग्रेस के मंच से 'स्वराज' अथवा भारत के लिए स्वशासन की मांग की। उन्होंने कहा, "अच्छा शासन कभी भी लोगों के अपने शासन का विकल्प नहीं हो सकता...हमें किसी की कृपा दृष्टि नहीं चाहिए, हमें केवल न्याय चाहिए...यह संपूर्ण विषय एक ही शब्द में व्यक्त किया जा सकता है और वह है 'स्वराज'...स्वराज भारत की सभी समस्याओं का एकमात्र समाधान है।"

संसद सदस्य

सन् 1886 में जब दादाभाई ने लंदन के होल्बोर्न चुनाव क्षेत्र से ब्रिटेन के हाउस ऑफ कॉमंस में जाने के लिए चुनाव लड़ा तो बहुत से लोगों ने उनकी भर्त्सना की। परंतु सन् 1892 में वह दिन स्वयं दादाभाई के लिए, भारत के लिए तथा लिबरल पार्टी के लिए गौरवशाली

था जब वे सेंट्रल फिंसबरी चुनाव क्षेत्र से निर्वाचित घोषित किए गए। ब्रिटिश मतदाताओं के मतों से वहां की शाही संसद के लिए चुने जाने वाले वे पहले भारतीय सदस्य थे। यह शेर की मांद में जाकर उसका मुकाबला करने के समान था। इससे भारत और इंग्लैंड में खुशी की लहर दौड़ गई। यह ब्रिटिश जनता की उदारता और इंग्लैंड में दादाभाई की लोकप्रियता का प्रत्यक्ष प्रमाण था।

हाउस ऑफ कॉमंस जहां उनके मित्र, उनके विचार को साकार करते थे, परंतु अब वहां अपनी लड़ाई खुद लड़ने के लिए दादाभाई स्वयं पहुंच गए। जल्दी ही संसद के परिपक्व सदस्य माने जाने लगे और उन्होंने सत्तारूढ़ पार्टी तथा विपक्षी दल दोनों के सदस्यों का मन जीत लिया। मुद्रा (करेंसी), विनिमय, धन व वित्त जैसे विषयों पर खासकर भारत के संदर्भ में वे बहुत जोरदार ढंग से अपनी बात रखते थे। उन्होंने दक्षिण अफ्रीका में रहने वाले भारतीयों और इंग्लैंड में रह रहे भारतीय विद्यार्थीयों के लिए संघर्ष किया।

हालांकि वे विपक्षी दल के थे तो भी आई.सी.एस. की प्रारंभिक परीक्षा भारत व इंग्लैंड में एक साथ कराने के अपने प्रस्ताव को पारित करवा कर उन्होंने वहां की सरकार को आश्चर्य चकित कर दिया। सन् 1895 में भारतीय व्यय के लिए रॉयल कमीशन नियुक्त करवाना तथा इंग्लैंड और भारत के बीच प्रशासनिक व सैनिक खर्च के न्यासंगत बंटवारे पर विचार करने के लिए विल्बी कमीशन की नियुक्ति करवाना उनकी और बड़ी उपलब्धि थी। उन्हें इस आयोग का सदस्य बनाया गया। इस हैसियत में काम करने वाले वे प्रथम भारतीय थे।

उन्होंने कमीशन के सामने दो लंबे बयानों के रूप में अपने विचार रखे तथा गवाह के नाते प्रमाण भी पेश किए। अपनी मौखिक गवाही में दादाभाई ने कहा कि भारत के लोगों को वाइसराय, गवर्नर तथा कमांडर-इन-चीफ से कम दर्जे के किसी ब्रिटिश अधिकारी की जरूरत नहीं है और समय आने पर भारत की जनता इनसे भी अपना पिंड छुड़ा लेगी। उन्होंने इंग्लैंड के साथ खर्च के बंटवारे में मौजूद असमानताओं को बड़े जोरदार ढंग से पेश किया। सरकार ने आयोग की सिफारिशें

मंजूर कर लीं और भारत में वित्तीय अनियमितताओं को दूर करना शुरू कर दिया।

संसद के लिए चुने जाने के बाद सन् 1893 में कांग्रेस के लाहौर अधिवेशन की अध्यक्षता करने के लिए दादाभाई भारत आए तो मुंबई बंदरगाह पर उनका शानदार स्वागत किया गया। सबसे पहले मुंबई के गर्वनर ने उनका स्वागत किया। मुंबई से लाहौर जाते हुए तथा वहां से लौटते हुए जिस स्टेशन पर रेलगाड़ी रुकती लोग उन्हें हार पहनाकर अपनी खुशी जाहिर करते और उनके प्रति सम्मान व्यक्त करते।

दिसंबर, 1906 में कांग्रेस के कलकत्ता अधिवेशन की अध्यक्षता करने के पश्चात् वे इंग्लैंड चले गए। 8 फरवरी, 1907 को उन्हें (ब्रोंकाइटिस) (श्वास नली-शोध) का दौरा पड़ा जो ठीक नहीं हो पाया। डॉक्टरों तथा अपने मित्रों की सलाह पर उन्होंने न चाहते हुए भी सक्रिय राजनीति से संन्यास ले लिया हालांकि स्वराज का उनका आंदोलन अभी शुरू ही हुआ था। 12 अक्टूबर, 1907 को उन्होंने इंग्लैंड को अलविदा कह दिया।

भारत लौटकर वे मुंबई में वरसोवा के अपने घर में रहने लगे। अपने पैतृक घर के माहौल में उनका स्वास्थ्य जल्दी ही ठीक हो गया और उनका मन तथा लेखनी पुनः सक्रिय हो उठे।

एकांतवास में

दादाभाई के जीवन के आखिरी दिनों तक उनका घर नेताओं और जनसाधारण दोनों के लिए ही तीर्थ-स्थल जैसा बन गया था। भारतीय नेता, यहां तक कि ब्रिटिश गवर्नर और वाइसराय भी अक्सर उनसे मिलने आते थे। भारत से संबंधित सभी महत्वपूर्ण राजनीतिक व आर्थिक मसलों पर उनकी सलाह ली जाती थी। कांग्रेस के काम-काज में वे आखिर तक बराबर दिलचस्पी लेते रहे।

उन्हें देश-विदेश से हर रोज ढेरों पत्र प्राप्त होते थे। इनमें कोई उनसे मार्गदर्शन करने का अनुरोध करता तो कोई मदद की अपील

करता। किसी चिट्ठी में कोई जानकारी होती तो किसी में शुभकामनाएं होतीं। जब तक उनके वश में रहा वे अपने हाथ से लिखकर पत्रों के उत्तर देते रहे। इस प्रकार राजनीति छोड़ने के बाद उनका जीवन शांतिपूर्ण परंतु सक्रिय रहा।

उनके जीवन पर दृष्टि डालने पर हम पाते हैं कि गरीबी से अपनी जिंदगी की शुरूआत करके दादाभाई ने राष्ट्रीय और अंतरराष्ट्रीय ख्याति प्राप्त की। वे परोपकारी, समाज सुधारक, महिला शिक्षा के अग्रदूत और इन सबसे बढ़कर, महान देशभक्त थे। लोग उन्हें आदर से 'ग्रैंड ओल्ड मैन ऑफ इंडिया' कहते थे।

दादाभाई की देशभक्ति अपनी मातृभूति के प्रति उनके सहज प्रेम से उपजी थी। यह उनका निस्वार्थ प्रेम था। उन्होंने देश के लिए अपना कैरियर और व्यापार दोनों दांव पर लगा दिए। वर्षों तक उन्होंने अपने परिवार की देखरेख पर ध्यान नहीं दिया। उनकी मां तथा इकलौते बेटे की उस समय मृत्यु हो गई जब वे सुदूर इंग्लैंड में भारतवासियों के लिए संघर्ष कर रहे थे। बेटी की शादी भी उनकी गैर मौजूदगी में ही हुई।

दादाभाई ने अपने देश की आजादी हासिल करने के लिए अहिंसक और संवैधानिक तरीकों का सहारा लिया। उनका संघर्ष व्यावहारिक था और उसमें किसी के प्रति कटुता नहीं थी। यही कारण है कि जिन लोगों के विरुद्ध उन्होंने संघर्ष किया वे भी उनका सम्मान करते थे। जब उन्होंने स्वराज की मांग की, तब भी उनके खिलाफ कोई कार्रवाई नहीं हुई।

दादाभाई ने अपने उद्देश्यों की प्रप्ति के लिए भारत तथा इंग्लैंड में लगभग 30 स्वयंसेवी संगठनों की स्थापना की। वे अध्यवसाय में विश्वास करते थे और किसी भी विफलता या बाधा से विचलित नहीं होते थे। ब्रिटिश हठधर्मिता से दादाभाई की दृढ़ निश्चयात्मकता का सही मुकाबला था।

उनकी निस्वार्थ सेवा के प्रति कृतज्ञता के रूप में मुंबई की जनता ने 3 जुलाई, 1869 को उन्हें एक अभिनंदन-पत्र तथा 30 हजार रुपए की थैली भेंट की जो उन्होंने ईस्ट इंडिया एसोसिएशन को दान कर दी।

सन् 1916 में मुंबई विश्वविद्यालय ने उन्हें डॉक्टर ऑफ लॉ की मानद उपाधि प्रदान की।

दादाभाई के अथक संघर्ष के परिणाम सामने आने लगे थे। मिंटो-मॉर्ले सुधार (सन् 1909) नाम से प्रशासनिक तथा राजनीतिक सुधारों का मसौदा सरकार द्वारा तैयार किया जा रहा था। वृद्धावस्था की कमजोरी के बावजूद दादाभाई ने सर मॉर्ले तथा लॉ मिंटो को 90 पृष्ठों के निजी पत्र लिखे, जिनमें उन्होंने अतिरिक्त सुधार सुझाए। किंतु यह बात दुखद रही कि जिन मांगों के लिए दादाभाई संघर्ष करते रहे, उन्हें काफी हद तक स्वीकार करते हुए इन सुधारों की घोषणा उनके देहांत के लगभग दो महीने बाद 30 जून, 1917 को की गई।

इस प्रकार सफल और सक्रिय जीवन जीने के बाद 92 वर्ष पहले उदित हुआ तारा ओझल हो गया। कृतज्ञ राष्ट्र उन्हें सदैव स्मरण करता रहेगा, और सदैव उनका सम्मान करता रहेगा। 60 वर्ष पहले जब उन्होंने राष्ट्रसेवा का बीड़ा उठाया था तब देश जड़ता की स्थिति में था, किंतु जब वे विदा हुए तो भारत पूरी तरह जागृत तथा राष्ट्रवाद की भावना से ओत-प्रोत था और स्वतंत्रता के लिए मचल रहा था। यहीं से स्वतंत्रता की मशाल भारतमाता के अन्य प्यारे पुत्रों और पुत्रियों ने थाम ली।

"मैं ऐसा अधिकार चाहता हूं जो मेरे संविधान का इस प्रकार निर्माण कर सके कि मेरे देश के अनुकूल हो।"

चित्तरंजन दास
(सन् 1917 में कांग्रेस सम्मेलन
में दिए गए भाषण का अंश)

चित्तरंजन दास

जगन्नाथ मोहंती

"...राष्ट्रवाद क्या है? मेरे विचार में यह वह प्रक्रिया है जिसके माध्यम से कोई देश स्वयं को अभिव्यक्त करता है, और स्वयं को ही एक हिस्से के रूप में पाता है जिसके द्वारा अपनी अभिव्यक्ति करके अपनी पहचान तलाशने की कोशिश में पार्थिव रूप से देशों की आत्माभिव्यक्ति तथा आत्मानुभूति में सहायक बनता है। विविधता उतनी ही यथार्थ है जितनी एकता और विश्व की एकता कायम करने के लिए यह आवश्यक है कि प्रत्येक राष्ट्रीयता अपनी राह पर चले तथा आत्माभिव्यक्ति एवं आत्मानुभूति में परितोष प्राप्त करे...मेरा मानना है कि प्रत्येक राष्ट्रीयता विशद एकत्व की एक धारा विशेष संघटित करती है, परंतु कोई भी राष्ट्र तब तक पूर्णता प्राप्त नहीं कर सकता जब तक वह अपने में विशिष्ट नहीं बनता और साथ ही समूची मानवता के साथ अपना तादात्म्य स्थापित नहीं करता। अतः राष्ट्रवाद की पूरी समस्या ही उस धारा को खोजना और नियति का सामना करना है। जब भी आप उस धारा का पता लगा लेते हैं और अतीत के साथ उसकी अविच्छिन्नता स्थापित कर लेते हैं तभी आत्माभिव्यक्ति की प्रक्रिया प्रारंभ हो जाती है और तब राष्ट्रवाद की प्रगति को कोई रोक नहीं सकता।"

चित्तरंजन दास

चित्तरंजन दास

चित्तरंजन दास का जन्म 5 नवंबर, 1870 को कलकत्ता में हुआ था। वे वैद्यों या चिकित्सकों के ऐसे परिवार से थे जो शिक्षा के प्रति अपने प्रेम तथा प्रगतिशील विचारों के लिए प्रसिद्ध था।

उनके पिता भुवनमोहन दास पेशे से वकील थे परंतु पत्रकारिता में उनकी गहरी रुचि थी। उनकी मां निस्तारिणी देवी अत्यंत उदारमना तथा आतिथेय थीं। चित्तरंजन दास को माता तथा पिता दोनों से ही विरासत में सभी सद्गुण मिले। उनमें तर्कबुद्धि, उदार दृष्टिकोण तथा आतिथ्य सत्कार की भावना का विकास हुआ।

चित्तरंजन दास को बचपन से ही राष्ट्रभक्ति की कविताएं अच्छी लगती थीं और वे जोश के साथ उनका पाठ किया करते थे। वे नौ वर्ष की उम्र में स्कूल में भरती हुए। स्कूली शिक्षा के बाद उन्होंने प्रेसिडेंसी कॉलेज में प्रवेश लिया। उन्होंने अंगरेजी में अच्छे अंक पाए परंतु गणित में काफी पीछे रहे। बंगला साहित्य में गहरी रुचि के कारण उन्होंने बंकिमचंद चटर्जी और रवींद्रनाथ टैगोर की रचनाएं पढ़ीं। भाषण देने की योग्यता के कारण वे जल्दी ही छात्र-संघ के सचिव बन गए। छात्र-संघ को कई राष्ट्रीय नेताओं ने संबोधित किया था।

सन् 1890 में चित्तरंजन दास को आई.सी.एस. के लिए अर्हता प्राप्त करने हेतु लंदन भेजा गया। यद्यपि उनकी परीक्षा अच्छी हुई थी परंतु आई.सी.एस. में उनका चयन नहीं हुआ। बहुत से लोगों का

मानना था कि उनकी राजनीतिक गतिविधियों के कारण ऐसा हुआ।

देशभक्त होने के नाते वे स्वदेश में बनी वस्तुओं में रुचि रखते थे। इंग्लैंड में वे राजनीतिक कार्यों में हिस्सा लेने लगे। एक बार कुछ अंगरेज नेताओं ने अपने भाषणों में भारतीय नेताओं के खिलाफ कुछ अपमानजनक बातें कहीं। वहां पढ़ाई कर रहे भारतीय छात्रों ने इसकी आलोचना की। इस विरोध में चित्तरंजन दास सबसे आगे थे। उनके पिता ने उन्हें वकालत की पढ़ाई करने तथा परिवार की परंपरा निभाने की सलाह दी, अतः चित्तरंजन दास ने लंदन में इनर टेंपल में प्रवेश ले लिया। सन् 1893 में वे बैरिस्टर हो गए।

वकील

सन् 1893 में ही चित्तरंजन दास ने कलकत्ता उच्च न्यायालय में वकील के रूप में अपना कार्य-काल शुरू किया। आरंभिक वर्षों में उन्हें बहुत कठिनाइयां झेलनी पड़ी। उस समय अपनी खर्चीली आदतों तथा उदार स्वभाव के कारण उनके पिता दिवालिया हो गए। इस तरह पूरे परिवार का बोझ चित्तरंजन दास के कंधों पर आ पड़ा।

चित्तरंजन दास वकील के रूप में, विशेषकर फौजदारी मुकदमे लड़ने में काफी विख्यात हो गए। दीवानी मुकदमों में भी उन्हें समान रूप से महारत हासिल थी।

वे विपिनचंद्र पाल तथा अरविंद घोष जैसे देश के महान नेताओं सहित कई राष्ट्रीय कार्यकर्ताओं के वकील बने।

अरविंद घोष के खिलाफ चला मुकदमा अलीपुर बम कांड के नाम से मशहूर हुआ और भारतीय स्वतंत्रता आंदोलन के इतिहास का एक अध्याय बना।

कलकत्ता चीफ प्रेसिडेंसी मेजिस्ट्रेट किंग्सफोर्ड राष्ट्रीय नेताओं तथा कार्यकर्ताओं को सख्त सजा सुनाने के लिए कुख्यात हो गया था। एक बार उसने 15 वर्षीय एक किशोर को कोड़े लगाने की सजा सुनाई। इससे पूरे देश में आक्रोश की लहर दौड़ गई। क्रांतिकारियों ने किंग्सफोर्ड

का काम तमाम करने का फैसला किया। उसे डाक से बम भेजा गया। परंतु उसने पार्सल नहीं खोला और इस तरह वह बच गया।

तबादले पर कलकत्ता से मुजफ्फरपुर चले जाने के बाद उसकी हत्या का एक और प्रयास किया गया। दो नवयुवकों, खुदीराम बोस और प्रफुल्ल चाकी को उस पर बम फेंकने के लिए भेजा गया। परंतु इनके द्वारा फेंके गए बम से उसकी जगह दो निर्दोष महिलाएं मारी गईं। 1 मई, 1908 को खुदीराम बोस को वानी रेलवे स्टेशन पर गिरफ्तार कर लिया गया। प्रफुल्ल को मोकमा स्टेशन पर पकड़ा गया। उसने अपने रिवाल्वर से आत्महत्या कर ली। खुदीराम पर मुकदमा चला और उन्हें मौत की सजा हुई।

सरकार इस घटना की योजना बनाने तथा उसका संचालन करने वाले व्यक्तियों को सामने लाना चाहती थी। पुलिस ने अरविंद घोष तथा कई अन्य क्रांतिकारियों को गिरफ्तार किया। उन पर अलीपुर के अतिरिक्त सत्र न्यायाधीश मि. बीच क्रॉफ्ट की अदालत में मुकदमा चला। क्रांतिकारियों के बचाव के लिए जनता से चंदा इकट्ठा किया गया। सारा धन खर्च हो गया लेकिन उनकी ओर से पैरवी करने के लिए कोई वकील आगे नहीं आया।

यद्यपि उस मामले में बहुत से अभियुक्त थे परंतु सरकार का मुख्य निशाना अरविंद घोष थे।

आखिर बचाव पक्ष की बागडोर चित्तरंजन दास ने आकर संभाली। उन्होंने अपना सारा समय और शक्ति अरविंद घोष को बरी कराने में लगा दी। उन्होंने फीस के रूप में एक पैसा नहीं लिया और साथ में भारी नुकसान भी उठाया। जब मुकदमा खत्म हुआ तक तक उन पर पचास हजार रुपए का कर्ज हो गया था। उस समय यह बहुत बड़ी रकम थी।

चित्तरंजन दास ने अपने मुवक्किल को बचाने में पूरी शक्ति लगा दिया। मुकदमे की सुनवाई 126 दिन तक चली। दो सौ से अधिक गवाहों से जिरह हुई। अदालत में कागजात के रूप में 4000 दस्तावेज और करीब 500 बम व विस्फोटक पदार्थ सबूत के रूप में पेश किए गए। चित्तरंजन दास की आखिरी दलील नौ दिन तक चली, जिसके

अंत में उन्होंने जोरदार अपील की। अपनी अंतिम टिप्पणी में उन्होंने अरविंद घोष का यह उद्धरण पेश किया: "यदि यह कहा जाता है कि मैंने अपने देश की आजादी के आदर्श का प्रचार किया और यदि ऐसा करना कानून के विरूद्ध है तो मैं अपराधी हूं। यदि यहां यही कानून है, तो मैं कहता हूं कि मैंने ऐसा किया है और मैं आपसे विनती करता हूं कि आप मुझे दंड दें, परंतु मुझे पर उन अपराधों का इल्जाम मत लगाइए जो मैंने किए नहीं हैं और मेरा संपूर्ण स्वभाव जिन कार्यों का विरोध करता है तथा जिन्हें मैं कभी भी कर ही नहीं सकता। यदि स्वतंत्रता के आदर्श का प्रचार करना अपराध है, तो मैं स्वीकार करता हूं कि मैंने वह किया है..."

चित्तरंजन दास ने आगे कहा,..."आपसे मेरी यह अपील है: जब यह विरोधाभास शांत हो जाएगा, यह आंदोलन और शोर समाप्त हो जाएगा, यह व्यक्ति जब इस दुनिया में नहीं रहेगा तब ये व्यक्ति, देश भक्ति का स्वर मुखरित करने वाले कवि, राष्ट्रवाद के देवदूत और मानवता के पुजारी के रूप में विख्यात हो जाएगा। उसकी मृत्यु के काफी समय बाद उसके शब्द न केवल भारत में बल्कि दुनिया भर में बार-बार गूंजेंगे। इसलिए मेरा कहना है कि यह व्यक्ति इस अदालत के सामने नहीं बल्कि इतिहास की ऊंची अदालत के सामने खड़ा है..."

अरविंद घोष को बरी कर दिया गया तथा शेष अभियुक्तों का मृत्युदंड कालेपानी की सजा में बदल दिया गया।

मामले की चित्तरंजन दास द्वारा की गई पैरवी तथा इतने अधिक दस्तावेजों और सबूतों को सामने लाने में दिखाई गई उनकी कुशलता से मुख्य न्यायाधीश बहुत खुश हुए। उन्होंने अपने फैसले में चित्तरंजन दास की बहुत सराहना की। इस मुकदमे के कारण उन्हें महान देशभक्त तथा कुशल वकील के रूप में बहुत शोहरत मिली।

चित्तरंजन दास ने एक के बाद एक कई मुकदमे हाथ में लिए जिनसे उनका नाम सारे देश में फैल गया।

एक और मशहूर मुकदमा सन् 1918 का अलीपुर संदूक हत्याकांड था जिसमें उन्होंने राजनीतिक अपराध के लिए सजायाफ्ता नवयुवकों

की जान बचाई। पांच युवा क्रांतिकारियों ने अपने एक साथी पर जासूसी करने का शक होने के कारण उसकी हत्या कर दी और लाश को एक संदूक में रखकर रेलवे पार्सल की मारफत भेज दिया गया। लाश कुछ दिनों में सड़ गई और पार्सल को किसी ने छुड़ाया नहीं।

उनमें से एक अभियुक्त ने चित्तरंजन दास को अपना वकील बनाया। परंतु उन्होंने सभी अभियुक्तों की पैरवी करने का फैसला किया। 25 दिन की सुनवाई के बाद पांचों नवयुवक बरी हो गए। बंगाल के महाअधिवक्ता ने इस मामले को कुशलता के साथ संभालने के लिए चित्तरंजन दास को बधाई दी।

उनकी सफलता का राज यह था कि वह अत्यधिक सावधानी, कौशल, साहस, ईमानदारी और विद्वत्ता के साथ हर मामले की पैरवी करते थे। राजनैतिक मामलों में उन्होंने जिस दृढ़ संकल्प और महान त्याग का परिचय दिया उसे भारतवासी हमेशा याद रखेंगे।

चित्तरंजन दास जब अपार धन कमा रहे थे तभी उन्होंने स्वतंत्रता संग्राम में स्वयं को समर्पित करने के लिए वकालत छोड़ दी।

साहित्यकार

चित्तरंजन दास कवि थे। उन्होंने कई साहित्यिक पुस्तकें लिखीं। उनकी पहली काव्य पुस्तक का नाम था *मालांचा*। इसमें भक्ति तथा प्राकृतिक सौंदर्य की अभिव्यक्ति करने वाले गीत हैं। संग्रह की कुछ कविताओं में पददलित लोगों के प्रति सहानुभूति झलकती है।

उनकी अन्य पुस्तकें हैं—*माला, सागर संगीत, अंतर्यामी तथा किशोर किशोरी*। *माला* में धार्मिक भावना तथा भक्ति को व्यक्त करने वाली कविताएं हैं। *सागर संगीत* की कविताएं विषय की नवीनता विचार-सौंदर्य तथा साहित्यिक अभिरुचि के कारण उल्लेखनीय हैं। *अंतर्यामी* एवं *किशोर किशोरी* में धार्मिक भावना तथा राधा व कृष्ण के अमर प्रेम का चित्रण है।

विभिन्न पत्रिकाओं में प्रकाशित उनकी रचनाओं में उस समय की

सामाजिक एवं राजनीतिक समस्याओं के प्रति उनकी गहरी चिंता अभिव्यक्त हुई है। चित्तरंजन दास ने बंगला की प्रसिद्ध पत्रिका *नारायण* का प्रकाशन किया जिसका उद्देश्य साहित्य के माध्यम से नए विचार का प्रसार करना था।

वे *वंदे मातरम्* पत्रिका के संस्थापक सदस्य और उसके संपादक मंडल के सदस्य थे। वंदे मातरम का संपादन शुरू में अरविंद घोष ने और बाद में विपिनचंद्र पाल ने किया। चित्तरंजनदास स्वराज पार्टी के मुखपत्र *फॉरवर्ड* के प्रधान संपादक भी रहे। इस पत्रिका ने भारतीय पत्रकारिता के नए मानदंड स्थापित किए और जनमत को काफी प्रभावित किया। इसमें छपने वाले प्रभावपूर्ण लेखों ने सरकार तथा जनता दोनों का ध्यान आकर्षित किया।

चित्तरंजन दास तथा उनके साथियों ने सच्चे देशभक्त तैयार करने के लिए शिक्षा की एक राष्ट्रीय प्रणाली की आवश्यकता महसूस की। इसके लिए उन्होंने राष्ट्रीय कॉलेज खोलने का निश्चय किया। परंतु बंगाल सरकार ने एक आदेश जारी करके राजनीति में छात्रों के भाग लेने पर पाबंदी लगा दी। निरीक्षकों के कहने पर प्रधानाध्यापक छात्रों पर जुर्माना करते, यहां तक कि उनकी पिटाई भी करते।

जनता से एकत्र किए धन से चित्तरंजन दास ने सन् 1905 में एक नेशनल कॉलेज की स्थापना की जिसे बाद में नेशनल यूनिवर्सिटी में परिवर्तित करने का इरादा था। इस प्रकार नेशनल काउंसिल ऑफ एजूकेशन बनी जो बाद में जादवपुर इंजीनियरिंग कॉलेज के रूप में विकसित हुई। चित्तरंजन दास के अनुरोध पर अरविंद घोष ने गायकवाड़ कॉलेज बड़ौदा के वाइस प्रिंसिपल की नौकरी छोड़ दी और राष्ट्रीय शिक्षा संस्थान के पहले प्रिंसिपल बने।

राजनेता के रूप में

चित्तरंजन दास देशभक्त पहले थे और उसके बाद वकील, पत्रकार या साहित्यकार थे। इसलिए वे अपने को अधिक समय तक राजनीति

से दूर नहीं रख पाए। राजनीति में आने के पहले से ही उनमें वाक्पटुता, दूसरों को मनाने तथा तथ्यों के निष्पक्ष विश्लेषण की क्षमता जैसे गुण थे। शुरू-शुरू में कांग्रेस केवल याचिका प्रस्तुत करने वाली संस्था थी।

सन् 1905 में ब्रिटिश सरकार ने बंगाल के विभाजन का एलान किया। इस कार्य के लिए प्रशासनिक सुविधा को इसका सरकारी कारण बताया गया परंतु लोगों को लगा कि बंगाल में ब्रिटिश सरकार के खिलाफ उभरे आंदोलन की कमर तोड़ने के लिए यह कदम उठाया गया। बंगाल के विभाजन ने सुस्त कांग्रेस में स्फूर्ति ला दी। उसने कई जोरदार फैसले लिए। कांग्रेस में नई ताकतें आगे आने लगीं। विपिनचंद्र पाल, बाल गंगाधर तिलक तथा अन्य लोगों ने राजनीति में प्रमुख भूमिका निभाई। सन् 1905 में चित्तरंजन दास के घर पर एक स्वदेशी मंडली गठित की गई जिसका उद्देश्य स्वदेशी के जरिए देशभक्ति तथा अपनी मदद खुद करने की भावना जगाना था।

सन् 1906 में सरकार के विरोध में बारीसाल में बंगाल प्रांतीय सम्मेलन आयोजित किया गया। इसका मुख्य प्रस्ताव चित्तरंजन दास ने तैयार किया जिसमें आत्मनिर्भरता की नीति पर बल दिया गया। सम्मेलन में विचार विमर्श पूरा नहीं हो सका क्योंकि पुलिस ने उसके खुले अधिवेशन को भंग कर दिया। *वंदे मातरम* का नारा लगाने के लिए स्वयंसेवकों व छात्रों की पिटाई की गई। बहुत से नेता गिरफ्तार किए गए और उन पर मुकदमे चले।

बाल गंगाधर तिलक कलकत्ता आए और उन्होंने वहां शिवाजी उत्सव का आयोजन किया। उनका नारा, "स्वराज मेरा जन्मसिद्ध अधिकार है और इसे मैं लेकर रहूंगा", भारतीय राष्ट्रीयता का संदेश बन गया। सन् 1906 में दादाभाई नौरोजी की अध्यक्षता में हुए कांग्रेस के कलकत्ता अधिवेशन के दौरान तिलक तथा कई अन्य राष्ट्रवादी नेता चित्तरंजन दास के अतिथि थे।

सन् 1907 के बाद कांग्रेस पर नरमदल वालों का नियंत्रण रहा जिन्होंने मध्य मार्ग अपनाया। चित्तरंजन दास ने स्वयं को राक्रिय

राजनीति से अलग रखा। परंतु उन्होंने कई राजनीतिक मुकदमों में वकील के रूप में अमूल्य योगदान दिया। सन् 1917 में उन्होंने कलकत्ता में हुए बंगाल प्रांतीय सम्मेलन की अध्यक्षता की। अध्यक्षता के लिए सुरेंद्रनाथ बनर्जी ने उनके नाम का प्रस्ताव किया। उन्होंने भविष्यवाणी की कि चित्तरंजन दास की गिनती जल्दी ही भारत के सबसे विश्वसनीय तथा लोकप्रिय नेताओं में होगी।

होमरूल

भारत के स्वतंत्रता संघर्ष के प्रति सहानुभूति रखने वाली अंग्रेज महिला एनी बेसेंट भारत के लिए स्वशासन की प्रबल प्रवक्ता के रूप में उभरीं। उन्होंने होमरूल लीग की स्थापना की जिसमें उस समय के अनेक राष्ट्रवादी नेता भाग लेने लगे। सरकार ने उनकी गतिविधियों पर रोक लगा दी और उन्हें नजरबंद कर दिया गया। चित्तरंजन दास ने एनी बेसेंट के विचारों का तहेदिल से समर्थन किया और वे होमरूल लीग में शामिल हो गए। उन्होंने सरकार की कार्रवाई की भी कड़ी निंदा की।

वे चाहते थे कि सन् 1917 में कलकत्ता में होने वाले कांग्रेस अधिवेशन की अध्यक्षता श्रीमती एनी बेसेंट करें। भारत के स्वतंत्रता संगाम के इतिहास में इस सम्मेलन का युगांतरकारी स्थान है क्योंकि उसमें कांग्रेस के नरम दल वालों ने गरमदल वालों को स्थान दे दिया। कांग्रेस पर होमरूल लीग का नियंत्रण हो गया और उसके समर्थक होने के नाते चित्तरंजन दास राष्ट्रीय स्तर पर महान राजनेता के रूप में उभरकर सामने आए।

सन् 1919 में दमनकारी कानून रौलेट एक्ट पारित होने से भारतीय इतिहास की दिशा बदल गई। इससे सरकार को स्वतंत्रता आंदोलन को कुचलने के लिए असाधारण अधिकार मिल गए। इसके अनुसार किसी को भी गिरफ्तार करने तथा बिना मुकदमा चलाए नजरबंद रखने का अधिकार सरकार को मिल गया। महात्मा गांधी ने इस बिल

के विरोध में राष्ट्रीय आंदोलन चलाया और सारे देश में सत्याग्रह का आह्वान किया।

चित्तरंजन दास सरकार का विरोध करने के इस अहिंसक आंदोलन से बहुत प्रभावित हुए। उन्होंने इसे आध्यात्मिक शक्ति तथा सरकार की गतिविधियों के शांतिपूर्ण विरोध के चिरप्रचलित श्रेष्ठ उपाय के रूप में स्वीकार किया। पंजाब में सरकार के खिलाफ जोरदार आंदोलन चल रहा था जिसमें गोली-लाठी तथा गिरफ्तारियों का दौर जारी था। 13 अप्रैल, 1919 को अमृतसर में छोटे से पार्क जलियांवाला बाग में एक आम सभा हुई। इस बाग के चारों तरफ इमारतें थीं। जनरल डायर ने फौजी दस्तों के साथ जलियांवाला बाग में घुसकर बिना कोई चेतावनी दिए, लोगों पर गोलियां चलाने का हुक्म दे दिया। जनसभा में बड़ी संख्या में बच्चे, औरतें व बूढ़े भी थे। इस गोलीबारी में करीब 1,000 लोग शहीद हुए और 2,000 व्यक्ति जख्मी हो गए।

जलियांवाला बाग नरसंहार ने ब्रिटिश सरकार के प्रति भारत के लोगों का रवैया एकदम बदल दिया। देश भर में इस घटना के खिलाफ व्यापक विरोध प्रकट किया गया।

कांग्रेस ने गांधीजी की अध्यक्षता में एक स्वतंत्र जांच समिति बनाई। चित्तरंजन दास भी इस समिति के सदस्य बनाए गए। इस दौरान उन्हें काफी नुकसान उठाना पड़ा क्योंकि लगभग चार महीने तक उनकी वकालत बंद रही और उन्होंने लगभग 50,000 रुपए अपनी जेब से खर्च किए क्योंकि गांधीजी के शब्दों में वे 'राजकुमारों जैसा' जीवन बिता रहे थे।

चित्तरंजन दास ने बड़ी कुशलता के साथ सबूतों का विश्लेषण किया। वे गांधीजी की सभी बातों से सहमत नहीं थे, किंतु उन्होंने सच्चे लोकतंत्रवादी की भांति बहुमत का फैसला स्वीकार किया। समिति ने सर्वसम्मति से फैसला दिया कि लोगों पर घोर अत्याचार किया गया था।

जवारहलाल नेहरू भी जांच के काम में शामिल थे और उन्होंने चित्तरंजन दास के योगदान का बखान इन शब्दों में किया—"उनके साथ

तथा उनके अधीन काम करने का यह मेरा पहला मौका था। यह अनुभव बहुत उपयोगी रहा तथा मैं दिन पर दिन उनका और अधिक प्रशसंक बनता गया।"

सुधार

मांटफोर्ड सुधार के नाम से जाना जाने वाला इंडियन रिफॉर्म्स एक्ट 1919 में पारित हुआ था। मांटेग्यु उस समय भारत के सेक्रेटरी ऑफ स्टेट थे और चेम्सफोर्ड वाईसराय थे। उन्होंने भारत को प्रगामी रूप से क्रियान्वयन करते हुए एक उत्तरदायी सरकार देने के बारे में एक रिपोर्ट तैयार की। चूंकि गवर्नमेंट ऑफ इंडिया एक्ट 1919 अथवा (इंडियन रिफॉर्म्स एक्ट) उनकी रिपोर्ट के आधार पर बनाया गया था, यह मांटफार्ड सुधारों के नाम से जाना गया। उस एक्ट के पारित होने के कुछ ही दिनों के अंदर अमृतसर में कांग्रेस का अधिवेशन हुआ जिसकी अध्यक्षता राष्ट्रीय नेता और जवाहर लाल नेहरू के पिता मोतीलाल नेहरू ने की। देश के कई प्रमुख नेताओं ने अधिवेशन में भाग लिया।

बहिष्कार

चित्तरंजन दास ने एक प्रस्ताव पेश किया जिसमें इन सुधारों को "अपर्याप्त, असंतोषजनक तथा निराशाजनक" बताया गया। इसमें सरकार से अपील की गई कि वह भारत में उत्तरदायी सरकार बनाने की दिशा में जल्दी कदम उठाए। बाल गंगाधर तिलक तथा विपिनचंद्र पाल ने प्रस्ताव का समर्थन किया और विषय समिति में यह स्वीकार कर लिया गया।

परंतु गांधीजी ने इन शब्दों पर एतराज किया और संशोधन पेश किया जिसमें लोगों से कहा गया कि वे पूर्णतया उत्तरदायी सरकार की जल्दी स्थापना के लिए सुधारों को लागू करवाने में सहयोग करें। बाद में समझौता हुआ तथा उसके अनुरूप प्रस्ताव तैयार किया गया।

कांग्रेस की एक उपसमिति बनाई गई जिसने शिक्षा संस्थाओं, अदालतों तथा लेजिस्लेटिव काउंसिलों के बहिष्कार की सिफारिश की। चित्तरंजन दास ने पहली दो प्रकार की संस्थाओं के बहिष्कार का समर्थन किया परंतु कहा कि काउंसिलों का बहिष्कार नहीं किया जाना चाहिए।

चित्तरंजन दास ने यह भी घोषणा की कि वे वकालत छोड़ देंगे। उन्हें आशा थी कि असेंबली के भीतर संघर्ष जारी रहेगा। तथापि 1920 के कलकत्ता कांग्रेस अधिवेशन में पूर्ण बहिष्कार का कार्यक्रम स्वीकार कर लिया गया।

गांधीजी चाहते थे कि असहयोग आंदोलन फौरन शुरू कर दिया जाए जबकि चित्तरंजन दास की राय थी कि आंदोलन शुरू करने से पहले इसकी तैयारी के लिए एक पंचवर्षीय कार्यक्रम बनाया जाए। उन्होंने इस आशय का प्रस्ताव तैयार किया, जिसे गांधीजी ने स्वीकार कर लिया। कांग्रेस अधिवेशन में भी यह पारित हो गया।

इस प्रस्ताव में काउंसिलों के बहिष्कार की मांग शामिल नहीं थी, परंतु स्कूलों, कॉलेजों तथा अदालतों के तुरंत बहिष्कार का आह्वान किया गया था। इसमें लोगों से यह भी कहा गया कि वे करों का भुगतान न करें। चित्तरंजन दास ने स्वयं प्रस्ताव पेश किया और एलान किया कि पूरे देश में बहिष्कार के प्रति जनता में उत्साह जगाएंगे।

चित्तरंजन दास ने जब वकालत छोड़ी तो उस समय वे चोटी के वकील के रूप में भारत भर में ख्याति प्राप्त कर चुके थे। वकालत से होने वाली अपार आय से वे 'राजकुमारों' की भांति जीवनयापन करने के साथ-साथ सब तरह के राजनीतिक तथा सामाजिक कार्यों के लिए भी धन सम्राट की तरह खर्च कर सकते थे।

वकालत का पेशा छोड़ देने के बाद चित्तरंजन दास का घर एक तरह से राजनीतिक संस्था में बदल गया। वे अपना सारा समय शक्ति और राजनीतिक मामलों में लगाने लगे। वे देशबंधु के रूप में मशहूर हो गए। जो मुकदमे वे पहले से स्वीकार कर चुके थे उनकी पैरवी के कागजात उन्होंने लौटा दिए। उन्होंने कानून की अपनी सारी पुस्तकें अपने दामाद को सौंप दीं। उन्होंने कानूनी मामलों के बारे में

सलाह मांगने वालों से मुलाकात तक करना बंद कर दिया।

स्वराज प्राप्ति के लिए एक वर्ष का समय निर्धारित किया गया। चित्तरंजन दास ने महसूस किया कि इसके लिए देश के नौजवानों को प्रेरित करने की आवश्यकता है। अतः उन्होंने सभाओं तथा लेखों के माध्यम से सभी कॉलेजों के छात्रों का आह्वान किया।

बड़ी संख्या में छात्रों ने कॉलेज छोड़ दिए और गांवों तथा नगरों में जाकर स्वराज प्राप्ति के लिए काम करने लगे। अनेक छात्रों ने राष्ट्रीय कॉलेज खोलने की मांग की। इस मांग को पूरा करने के लिए चित्तरंजन दास ने एक संस्था स्थापित करने का निश्चय किया। महात्मा गांधी ने बंगाल नेशनल कॉलेज का उद्घाटन किया तथा सुभाषचंद्र बोस इसके पहले प्रधानाचार्य बनाए गए। कॉलेज के उद्घाटन समारोह में पंडित मोतीलाल नेहरू, मौलाना अबुल कलाम आजाद तथा कई अन्य राष्ट्रीय नेता शामिल हुए। सब लोगों ने कॉलेज की स्थापना में मिली सफलता के लिए चित्तरंजन दास को बधाई दी।

चित्तरंजन दास के उदाहरण से प्रेरित होकर कई लोगों ने अपनी वकालत छोड़ दी और इसी तरह के राष्ट्रीय कॉलेज खोले।

लगभग 30,000 विद्यार्थी अपने स्कूल-कॉलेज छोड़कर असहयोग आंदोलन में कूद पड़े।

चित्तरंजन दास ने बंगाल में तथा बंगाल से बाहर दौरे किए। जिला अधिकारियों ने आदेश जारी किए कि चित्तरंजन दास को उनके इलाकों में प्रवेश न करने दिया जाए। कई स्थानों पर इन इकतरफा आदेशों का विरोध हुआ। कलकत्ता तथा कई अन्य स्थानों पर विरोध सभाएं आयोजित की गईं।

सुभाष पर प्रभाव

भारत तथा विदेशों में रह रहे हजारों नौजवानों ने चित्तरंजन दास को पत्र लिखकर देश के लिए काम करने की पेशकश की। ऐसे ही एक युवक थे कैम्ब्रिज के छात्र सुभाषचंद्र बोस।

16 फरवरी, 1921 को लिखे अपने लंबे पत्र में सुभाषचंद्र बोस ने लिखा, "आपने देशभक्ति की जो लहर भारत में पैदा की है, वह ब्रिटेन में भी पहुंच गई है। मातृभूमि की पुकार यहां भी सुनाई पड़ रही है। ऑक्सफोर्ड के एक मद्रासी विद्यार्थी ने पढ़ाई त्याग दी है। वह देश-सेवा के लिए भारत वापस जा रहा है। कैम्ब्रिज में अभी कुछ हुआ तो नहीं है परंतु असहयोग के बारे में काफी चर्चा है।

"मेरा विश्वास है कि यदि कोई मार्ग दर्शन करने वाला हो तो कई और युवक भी इस मार्ग पर अग्रसर हो सकते हैं। मातृभूमि की बलिवेदी पर सेवा और त्याग करने वाले आप अग्रणी व्यक्ति हैं। मेरे पास जो तुच्छ ज्ञान, योग्यता, बुद्धिमत्ता, शक्ति और उत्साह है उसके साथ मैं अपनी सेवाएं आपको समर्पित करता हूं। मेरे पास अपने तन और मन के अतिरिक्त मातृभूमि के चरणों में अर्पित करने के लिए और कुछ भी नहीं है।"

सुभाषचंद्र बोस को चित्तरंजन दास पर कितना गहरा विश्वास था और कितनी विनम्रता के साथ उन्होंने अपने आपको मातृभूमि के लिए समर्पित कर दिया।

परिवार

कांग्रेस ने सैनिकों तथा अन्य सरकारी कर्मचारियों से अपील की कि यदि वे कांग्रेस की सहायता के बिना अपना गुजारा कर सकते हैं तो अपनी नौकरी छोड़ दें। सरकार ने इसे राजद्रोह माना और इस तरह की कार्रवाई को सख्ती से कुचलने का फैसला किया।

देश में उत्तेजना व उत्साह की लहर दौड़ गई। चित्तरंजन दास ने प्रिंस ऑफ वेल्स के मुंबई आगमन के अवसर पर 17 नवंबर, 1920 को असली परीक्षा का दिन घोषित करने में अग्रणी भूमिका निभाई।

अधिसंख्य हिंदुओं तथा मुसलमानों ने प्रिंस की कलकत्ता यात्रा का भी बहिष्कार करने का निर्णय किया।

चित्तरंजन दास ने इस बहिष्कार को सफल एवं शांतिपूर्ण बनाने की

पूरी कोशिश की। सभी स्कूल, कॉलेज, न्यायालय तथा दुकानें बंद रहीं। पूरे शहर में वीरानी छाई रही। कलकत्ता में हड़ताल एकदम सफल रही।

चित्तरंजन दास ने कांग्रेस के कार्यक्रमों को कारगर ढंग से लागू करने के उद्देश्य से कांग्रेस वालंटियर कोर का गठन किया। उन्होंने एक करोड़ स्वयं सेवकों को भर्ती किया और तिलक स्वराज मेमोरियल फंड के लिए एक करोड़ रुपए इकट्ठे किए। उन्हें सरकारी दफ्तरों, विदेशी सामान तथा शराब की दुकानों पर धरना देने और खद्दर बेचने के काम सौंपे गए। इन सब गतिविधियों से बेमिसाल जन-जागरण हुआ।

सरकार ने हजारों स्वयंसेवकों को गिरफ्तार किया, जिन्हें जेलों में रख पाना संभव नहीं था। चित्तरंजन दास की पत्नी बसंती देवी तथा बहन उर्मिला देवी को भी 24 दिसम्बर, 1921 को गिरफ्तार कर लिया गया। इन गिरफ्तारियों से देश में जैसे क्रांति हो गई। इसके विरोध में एक हजार से अधिक नौजवान गिरफ्तारी के लिए आगे आए। हजारों की संख्या में हिन्दू-मुसलमान, राष्ट्रीय आंदोलन में कूद पड़े।

पुलिस में भी खलबली मच गई। जब बसंती देवी तथा उनके साथ की महिलाओं को जेल ले जाया गया तो बहुत से सिपाहियों ने उन्हें प्रणाम किया और अपनी नौकरी छोड़ देने का वादा किया। यहां तक कि कारखानों के मजदूर भी आंदोलन में शामिल हो गए और गिरफ्तारी देने के लिए आगे आए। इन हालातों से सरकार परेशान हो उठी और उसने पुलिस वालों को खुश करने के लिए उनके वेतन बढ़ा दिए।

बसंती देवी की गिरफ्तारी की खबर सुनकर चित्तरंजन दास विचलित नहीं हुए बल्कि भारत की महिलाओं में साहस और त्याग की यह भावना देखकर उन्हें बहुत खुशी हुई। वैसे सरकार भी महिलाओं को अधिक समय तक जेल में नहीं रखना चाहती थी अतः उन्हें जल्दी ही रिहा कर दिया गया।

बसंती देवी अन्य महिलाओं के साथ धरने पर बैठने में व्यस्त हो गईं। पुलिस ने सीधे-सादे लोगों पर अत्याचार किए परंतु बसंती देवी तथा अन्य लोगों ने अपना विरोध जारी रखा। चित्तरंजन दास से कहा गया कि वे स्वयंसेवकों को रोकें। उन्होंने कहा कि वे उन्हें अपना कर्तव्य पालन करने से नहीं रोक सकते।

सन् 1921 में दिसंबर महीने की बात है, चित्तरंजन दास अपराह्न में चाय पी रहे थे तभी उन्हें गिरफ्तार कर लिया गया। उन्होंने अपनी पुत्रियों से कहा कि वे उन्हें जेल में खाना आदि बिल्कुल न भेजें। उनकी बेटियां फिर भी बहुत चिंतित थीं, क्योंकि वे जानती थीं कि उनके पिताजी बढ़िया खाना खाने के आदी हैं और जेल का भोजन उन्हें रास नहीं आएगा। लेकिन चित्तरंजन दास ने साफ कहा कि वे वही खाना खाएंगे जो उनके साथी कैदी खाएंगे।

पुलिस की गाड़ी में चढ़ते हुए चित्तरंजन दास ने लोगों से कहा, "भारत के पुरुषो और महिलाओ, मेरा यह संदेश है कि यदि आप कष्ट झेलकर विजय पाने को तैयार हैं तो वह आपकी चौखट पर खड़ी है।" जैसे ही पुलिस की गाड़ी उन्हें लेकर रवाना हुई, लोगों ने शंख बजाए और उन पर फूलों की वर्षा की।

जेल का जीवन

चित्तरंजन दास को पहले प्रेसिडेंसी जेल में रखा गया फिर बाद में सेंट्रल जेल भेज दिया गया जहां उनके अन्य अधिकतर साथी और अनुयायी रखे गए थे। वे सन् 1921 में अहमदाबाद के कांग्रेस अधिवेशन के मनोनीत अध्यक्ष थे। उनके जेल में होने के कारण उनका अध्यक्षीय भाषण सरोजिनी नायडू ने पढ़ा और उनकी अनुपस्थिति में अधिवेशन की अध्यक्षता हकीम अजमल खां ने की।

इस अधिवेशन के पश्चात् महात्मा गांधी ने गुजरात में बारडोली में सविनय अवज्ञा आंदोलन चलाने का आह्वान किया। परंतु गोरखपुर जिले में चौरी चौरा नामक स्थान पर लोगों द्वारा कुछ पुलिसकर्मियों

की हत्या किए जाने पर उन्होंने आंदोलन स्थगित कर दिया। उन्होंने सभी कांग्रेस संगठनों को निर्देश दिया कि वे स्वयंसेवकों की गतिविधियां रोक दें। यहां तक कि उन्होंने सभी सभाओं और जुलूसों पर भी रोक लगा दी।

चित्तरंजन दास को इस आदेश से बहुत निराशा हुई। सुभाषचंद्र बोस ने इस घटना का उल्लेख इन शब्दों में किया: "महात्मा गांधी जिस ढंग से उल्टे-सीधे आदेश दे रहे थे उससे मेरे साथ-साथ चित्तरंजन दास भी दुखी और नाराज थे। बारडोली सत्याग्रह रोक देने से एक जबरदस्त धक्का लगा।" अन्य नेता भी इससे अप्रसन्न हुए।

स्वराज पार्टी

चित्तरंजन दास का सुझाव था कि कांग्रेस लेजिस्लेटिव काउंसिलों का बहिष्कार न करे बल्कि उनके भीतर रहकर सरकार से संघर्ष करे। इस नीति पर चलने के लिए सन् 1923 में चित्तरंजन दास और मोतीलाल नेहरू ने स्वराज पार्टी का गठन किया। गांधीजी ने महसूस किया कि "संसदीय मानसिकता अब पक्की हो चुकी है।" स्वराज पार्टी को कांग्रेस की संसदीय शाखा के रूप में मान्यता दे दी गई।

सेंट्रल लेजिस्लेटिव काउंसिल में स्वराज पार्टी के नेता मोतीलाल नेहरू थे। हालांकि कौंसिल में उनकी स्वराज पार्टी सबसे बड़ी पार्टी थी, परंतु उन्होंने सरकार बनाने से इंकार कर दिया। सन् 1924 में बंगाल में भी स्वराज पार्टी के बहुत से उम्मीदवार चुने गए और गवर्नर ने चित्तरंजन दास को सरकार बनाने के लिए आमंत्रित किया किंतु उन्होंने मना कर दिया।

बंगाल लेजिस्लेटिव कांउसिल में स्वराज पार्टी शक्तिशाली विपक्षी दल बन गई तथा उसने कई मौकों पर सरकार को करारी मात दी। एक के बाद एक तीन सरकारें बनीं और गिरा दी गईं।

कलकत्ता नगर निगम

सन् 1923 का कलकत्ता म्युनिसिपल एक्ट भारत में स्थानीय स्वशासन के इतिहास की महत्वपूर्ण घटना थी। इससे कलकत्ता नगर निगम देश की सबसे बड़ी नगरपालिका बन गया। इसमें स्वराज पार्टी के उम्मीदवार बहुमत में चुने गए। सन् 1924 में चित्तरंजन दास इसके प्रथम मेयर चुने गए तथा सुभाषचंद्र बोस मुख्य कार्यकारी अधिकारी नियुक्त हुए।

चित्तरंजन दास ने निगम के काम के लिए निम्नलिखित कार्यक्रम निर्धारित किए। मुफ्त प्राथमिक शिक्षा, गरीबों के लिए मुफ्त इलाज की व्यवस्था, शुद्ध व सस्ते भोजन तथा दूध की आपूर्ति, साफ पेयजल का प्रबंध, गरीबों के लिए मकान, परिवहन सुविधाओं में सुधार, व्यापारिक तथा भीड़भाड़ वाले इलाकों में स्वच्छता में सुधार आदि। उनके आने के बाद निगम के प्रशासन में चुस्ती आ गई तथा बहुत-सी कल्याण योजनाएं लागू की गई।

कलकत्ता के सबसे अमीर लोगों में गिने जाने वाले चित्तरंजन दास वकालत छोड़ने के बाद शहर के गरीब लोगों की गिनती में आ गए। उन पर कई नैतिक जिम्मेदारियां थीं। उनके पास एक ही संपत्ति थी और वह थी कलकत्ता में उनका भव्य आवास। चित्तरंजन दास उसे भी देश को भेंट कर देना चाहते थे। उनकी समूची जायदाद की कीमत 3,26,000 रुपए आंकी गई और उनकी देनदारी एक लाख रुपए से अधिक की थी। चित्तरंजन दास ने निश्चय किया कि देनदारियों का भुगतान करने के बाद शेष राशि शिक्षा के लिए प्रदान करने एक मंदिर के निर्माण तथा एक अनाथालय की स्थापना के काम में लगाई जानी चाहिए। इसके लिए उन्होंने एक ट्रस्ट की स्थापना की।

इस मामले में महात्मा गांधी ने भी रुचि ली और ट्रस्ट के सदस्यों से सलाह करके आठ लाख रुपए की राशि से देशबंधु स्मारक कोष की स्थापना की। चित्तरंजन दास का घर महिला अस्पताल में बदल गया। उसका नाम चित्तरंजन सेवा सदन रखा गया। इस समय यह महिलाओं का श्रेष्ठ चिकित्सा संस्थान है।

अंत समय

चित्तरंजन दास सन् 1925 में महात्मा गांधी की अध्यक्षता में हुए बेलगांव कांग्रेस अधिवेशन से लौटे तो उन्हें तेज ज्वर था।

दमनकारी बंगाल ऑर्डिनेंस के कारण सरकार के खिलाफ संघर्ष और तेज हो गया। गोपीनाथ शाह नाम के व्यक्ति ने एक साधारण अंगरेज को उच्च अधिकारी समझ कर मार डाला। बंगाल सरकार ने एक ऑर्डिनेंस जारी किया। इसके फलस्वरूप आतंकवादी षड्यंत्र के संदेह में कुछ युवकों को गिरफ्तार किया गया। गिरफ्तार होने वाले युवकों की संख्या बाद में सैकड़ों तक पहुंच गई।

कलकत्ता लौटने पर चित्तरंजन दास को पता चला कि इस ऑर्डिनेंस को कांउसिंल में कानूनी रूप दिया जाएगा। 7 जनवरी, 1925 को चित्तरंजन दास ने अपनी रोगी शय्या से घोषणा की, "काला बिल काउंसिल में चर्चा के लिए लाया जा रहा है। मुझे हर हालत में बैठक में जाना है और इसका विरोध करना है।"

उन्हें स्ट्रेचर पर लिटाकर काउंसिल में ले जाया गया। दो डॉक्टर उनके साथ थे। इधर, विधेयक पारित न हो सका और चित्तरंजन दास की शारीरिक तथा स्नायविक रुग्णता दूर हो गई। परंतु यह स्थिति ज्यादा दिन नहीं रही।

16 जून, 1925 को जब चित्तरंजन दास दार्जिलिंग में विश्राम कर रहे थे तो वे अचानक गंभीर रूप से बीमार पड़े तथा उनका स्वर्गवास हो गया। सुभाषचंद्र बोस ने ठीक ही कहा, "देशबंधु की मृत्यु...भारत के लिए घोर राष्ट्रीय संकट था..."

उनका पार्थिव शरीर कलकत्ता लाया गया। उनके अंतिम दर्शनों के लिए अपार भीड़ उमड़ पड़ी। सभी दुकानें बंद कर दी गईं। यातायात ठप्प हो गया। सैकड़ों-हजारों लोगों ने उन्हें श्रद्धांजलि अर्पित की और शोक व्यक्त किया।

कलकत्ता में शोक-सभा हुई जिसमें महात्मा गांधी ही एकमात्र वक्ता थे। बड़ी कठिनाई से अपनी भावनाओं पर काबू रखकर, हालांकि एक

बार तो वे रो ही पड़े, महात्मा गांधी ने कहा, "देशबंधु महानतम व्यक्तियों में से एक थे। मुझे पिछले छह वर्षों से उन्हें निकटता से जानने का गौरव प्राप्त है...उनसे मेरी घनिष्ठता जितनी बढ़ती गई उतना ही उनके प्रति मेरा प्रेम बढ़ता गया। दार्जिलिंग में अपने छोटे से प्रवास के दौरान मैंने देखा कि भारत की भलाई के अलावा और कोई विचार उनके मन में नहीं था। भारत की आजादी ही उनका एकमात्र सपना थी..."

"आतंकवादी गतिविधियों में वृद्धि गलत होते हुए भी उस समय की परिस्थितियों में अनिवार्य थी। बहुत से भारतीय इससे दुखी और निराश थे। परंतु युवा वर्ग खुलकर और उससे भी अधिक निजी तौर पर आतंकवादियों की देशभक्ति, हिम्मत और दिलेरी की दाद देता था। उनके कारनामों से अंग्रेजों के प्रति नफरत फैली और लोगों में स्वतंत्रता की इच्छा और बलवती हुई।"

ताराचंद

रास बिहारी बोस

किरण बाबल

“मत भूलो कि मनुष्य के लिए गुलाम रहने से बड़ा और कोई अभिशाप नहीं है। मत भूलो कि अन्याय-उत्पीड़न से समझौता करना सबसे बड़ा पाप है। यह सनातन नियम याद रखो कि यदि तुम जीवन प्राप्त करना चाहते हो, तो पहले उसका उत्सर्ग करो। यह भी याद रखो कि अन्याय के विरुद्ध लड़ना सबसे बड़ा गुण है। फिर चाहे उसके लिए जो भी मूल्य चुकाना पड़े।”

रास बिहारी बोस
(5 जुलाई, 1943 ई.)

रास बिहारी बोस

23 दिसंबर, 1912 के दिन सुबह के समय ठंड थी। सरकारी गाड़ी में आ रहे लॉर्ड हार्डिंग के जलूस को देखने के लिए सड़क के दोनों ओर बड़ी संख्या में लोग जमा थे। इस भीड़ में कई लोग ऐसे भी थे जो हर चीज पर निगाह रखे हुए चुपचाप खड़े थे। वे एक महत्वपूर्ण कार्य से वहां आए थे। उनके चेहरे पर तनाव झलक रहा था लेकिन वे शांत खड़े थे।

दिन के करीब पौने बारह बजे जैसे ही जुलूस चांदनी चौक में धूलिया कटरा पहुंचा, जोरदार धमाके के साथ एक बम फटा। भीड़ में भगदड़ मच गई। लोग जान बचाने के लिए हड़बड़ी में भागने लगे। वाइसराय लॉर्ड हार्डिंग बच गए पर उन्हें मामूली चोट आई। परंतु हौदे के पीछे दाईं ओर की सीट पर बैठे उनके सेवक की वहीं मृत्यु हो गई। बम विस्फोट में लगभग 20 दर्शक भी जख्मी हो गए।

इस घटना के पीछे किसका हाथ था? यह अपने समय के मशहूर क्रांतिकारी रास बिहारी बोस की योजना थी।

रास बिहारी के पूर्वज बर्दवान जिले के सबलदाहा गांव में बस गए थे। उनके पिता का नाम विनोद बिहारी तथा मां का नाम भुवनेश्वरी देवी था।

रास बिहारी का जन्म 25 मई, 1886 को पालड़ा बिघटी (हुगली) गांव में हुआ। जब रास बिहारी शैशवावस्था में ही थे तभी सन् 1889 में उनकी मां चल बसीं। उनका लालन-पालन उनकी मामी वामासुंदरी ने किया। रास बिहारी 4-5 साल के थे तो उनके पिता ने दूसरा

विवाह कर लिया और उनका परिवार चंदर नगर चला गया।

रास बिहारी की प्रारंभिक शिक्षा अपने नाना कालीचरण की देखरेख में सबलदाह में और उच्च शिक्षा चंदर नगर के ड्यूप्ले कॉलेज में हुई। उन दिनों चंदर नगर पर फ्रांसीसियों का शासन था। अतः रास बिहारी का लालन-पालन ब्रिटिश तथा फ्रांसीसी संस्कृति के परिवेश में हुआ। फ्रांसीसी क्रांति (सन् 1789) का रास बिहारी जैसे युवा लोगों पर गहरा प्रभाव पड़ा। स्वतंत्रता संग्राम पर प्रारंभ से ही फ्रांसीसी क्रांति का प्रभाव था।

स्कूली जीवन में रास बिहारी पढ़ाई की ओर ज्यादा ध्यान नहीं देते थे और हमेशा कुछ सोचते रहते थे। क्रांतिपूर्ण विचारों से भरा उनका मन बहुत जिज्ञासु रहता था। पढ़ाई-लिखाई से ज्यादा उन्हें शारीरिक शक्ति की चिंता रहती थी। स्कूल में वे एक युवा क्रांतिकारी शिरीष चंद्र घोष के संपर्क में आए। दोनों में अच्छी दोस्ती हो गई। किसी तरह उन दोनों को यह विश्वास हो गया था कि यदि उन्हें काले जादू में महारत हासिल हो जाए तो वे देश को आजाद करा सकते हैं। वे दोनों रात-दिन इसी उधेड़बुन में लगे रहते। परंतु किसी झंझट में फंसने से पहले ही उनकी इस सनक का भेद खुल गया और लोगों ने उन्हें समझा-बुझाकर कोई पागलपन करने से रोक लिया।

रास बिहारी बोस एक बार अपने पिता से मिलने कलकत्ता गए। वहां जब उन्हें मालूम हुआ कि बंगालियों के फौज में भरती होने पर पाबंदी है तो उन्होंने बहुत अपमानित महसूस किया। उन्होंने छद्म नाम से फौज में भरती होने की कोशिश की। वे जल्दी ही पकड़े गए। उनकी पिटाई हुई तथा कुछ समय के लिए उन्हें हिरासत में रखा गया। आखिर उसके पिता ने उन्हें वापस चंदर नगर भेज दिया।

सौभाग्य से क्रांतिकारी विचारों से पूर्ण प्रसिद्ध पुस्तक *आनंदमठ* रास बिहारी के हाथ लग गई। यह उपन्यास जानेमाने बंगाली उपन्यासकार और चिंतक बंकिम चंद चटर्जी ने लिखा था। इन्हीं ने *वंदे मातरम्* की रचना की थी। पहले यह गीत उपन्यास में नहीं था परंतु बाद में इसे सम्मिलित कर लिया गया। *आनंदमठ* और *वंदे मातरम्* का देश के

स्वतंत्रता आंदोलन के इतिहास में महत्वपूर्ण योगदान रहा है। *वंदे मातरम्* से बंगाल में क्रांतिकारी आंदोलन में नया जोश आ गया। क्रांतिकारियों ने 'वंदे मातरम्' को नारे के रूप में अपना लिया। 'वंदे मातरम्' एक लंबी कविता है। इसे भारत के राष्ट्र गीत के रूप में मान्यता मिली है। *आनंदमठ* पढ़ने के बाद रास बिहारी को अनेक ग्रामीण क्रांतिकारियों के बारे में जानकारी मिली।

रास बिहारी ने प्रसिद्ध बांगला कवि नवीन सेन की देशभक्ति की कविताओं की पुस्तक *पलासीर युद्ध* (प्लासी का युद्ध) भी पढ़ी। आगे चलकर उन्होंने कई और क्रांतिकारी पुस्तकों का अध्ययन किया। उन्होंने महान राष्ट्रवादी नेता तथा उच्चकोटि के वक्ता सुरेंद्रनाथ बनर्जी के भाषण भी पढ़े।

रास बिहारी का विकास एक युवा विद्रोही के रूप में होना शुरू हुआ। चंदर नगर में अतिवादी विचारों वाले एक अध्यापक चारु चंद्र ने भी उन्हें प्रेरित किया। स्वामी विवेकानंद के व्याख्यानों ने भी रास बिहारी को राष्ट्रवादी बनने में मदद की।

नौकरी

रास बिहारी को अपनी कॉलेज की पढ़ाई पूरी करने का अवसर नहीं मिला क्योंकि उनके मामा ने उन्हें फोर्ट विलियम में नौकरी दिला दी। मध्यम वर्ग के लिए नौकरी पाना ही शिक्षा का मुख्य उद्देश्य था।

रास बिहारी के पिता शिमला में सरकारी प्रेस में नौकरी करते थे। वे रास बिहारी को भी सरकारी नौकरी दिलाना चाहते थे। अतः रास बिहारी शिमला गए और उन्हें सरकारी प्रेस में कॉपी होल्डर की नौकरी मिल गई। वहां उन्होंने अंगरेजी भाषा तथा टाइप-राइटिंग में महारत हासिल कर ली। कुछ समय बाद उन्होंने कसौली में पास्चर इंस्टिट्यूट में काम किया। वे इन नौकरियों से खुश नहीं थे। उनके मस्तिष्क में नए-नए विचार कौंधते रहते थे।

अपने एक सहकर्मी की सलाह पर रास बिहारी देहरादून में प्रमथनाथ टैगोर के घर पर गार्जियन ट्यूटर के रूप में काम करने के लिए गए। रास बिहारी के पिता ने अपने प्रभाव का इस्तेमाल करते हुए उन्हें देहरादून वन अनुसंधान संस्थान में क्लर्क के पद पर नियुक्त करा दिया। धीरे-धीरे अपने परिश्रम से रास बिहारी हेडक्लर्क बन गए। सरकारी कर्मचारी होने के बावजूद उनके मन में देशभक्ति और विद्रोह की भावनाएं हिलोरें लेती रहती थीं।

ब्रिटिश शासन के अधीन देश आगे प्रगति नहीं कर रहा था। बल्कि प्रगति में बाधाएं डाली जा रही थीं। दमनकारी उपायों के कारण और अधिक क्रांतिकारियों की संख्या में और वृद्धि हो रही थी। इसके बाद की घटनाओं का रास बिहारी पर प्रत्यक्ष असर हुआ। वे अन्य क्रांतिकारियों के और निकट आ गए।

सरकार 'फूट डालो और राज करो' की नीति पर अमल कर रही थी। बंगाल के विभाजन का निर्णय इस शताब्दी के शुरू में ही गुपचुप तौर पर कर लिया गया था। सन् 1903 तक यह बात खुल चुकी थी कि बंगाल का विभाजन होने जा रहा है। इस खबर का पहले से ही पता लग जाने से सभी ओर आंदोलन होने लगे।

प्रारंभ में तो मुस्लिम नेताओं ने आंदोलन का समर्थन किया किंतु बाद में ब्रिटिश सरकार ने मुस्लिम नेता से जो ढाका का नवाब था, एक समझौता कर लिया। यह असल में राजनीतिक समझौता नहीं था। ढाका का नवाब आकंठ कर्ज में डूबा था और दिवालिया होने के कगार पर था। ब्रिटिश सरकार ने उसे कर्ज देकर उसे दिवालिया होने से बचा लिया। इसके एवज में नवाब ने अपना रुख बदल लिया और कहा कि विभाजन मुसलमानों के हित में है। इस तरह पूरे आंदोलन को सांप्रदायिक रंग दे दिया गया।

ब्रिटिश सरकार उच्च वर्ग के मुसलमानों को अपने साथ मिलाकर जनमत को विभाजित करने में कामयाब हो गई। इस सफलता से शह

पाकर तत्कालीन वाइसराय लॉर्ड कर्जन ने विजयी स्वर में घोषणा की, "बंगाल का विभाजन तय हो चुका है जिसे नकारा नहीं जा सकता।"

परंतु उस समय के बंगाल के सर्वाधिक लोकप्रिय नेता सुरेंद्रनाथ बनर्जी ने कहा, "मैं इस तय मामले को अस्त व्यस्त कर दूंगा।"

लॉर्ड कर्जन ने इस पर ध्यान नहीं दिया और 16 अक्टूबर, 1905 को बंगाल के विभाजन की घोषणा कर दी। लोगों में इसकी तीखी और हिंसक प्रतिक्रिया हुई।

महाकवि रवींद्रनाथ टैगोर ने नारा दिया, "भाई-भाई एक थाई भेद नाई भेद नाई।"

यह नारा (भाई-भाई संगठित रहेंगे उनमें आपस में कोई भेद नहीं है) बंगाल में कोने-कोने में फैल गया।

'रक्षाबंधन' पर्व को नया रूप दिए जाने से इस आंदोलन को और बल उठा। सभी ने विभाजन का विरोध किया और दूसरे देशभक्तों की कलाईयों पर राखी बांधीं।

इसी आंदोलन से विदेशी वस्तुओं के बहिष्कार तथा 'स्वदेशी' के इस्तेमाल के महान विचार ने जन्म लिया जो बाद में भारतीय स्वतंत्रता आंदोलन का प्रमुख आधार बन गया। हालत यहां तक हो गई कि समूचा आंदोलन ही 'स्वदेशी आंदोलन' कहा जाने लगा।

लोगों ने विभिन्न पत्रिकाओं में लेखों के माध्यम से भी अपना विरोध और क्षोभ व्यक्त किया। स्वामी विवेकानंद के एक शिष्य संन्यासी ब्रह्ममाधव उपाध्याय ने यही रास्ता अपनाया। उनका वास्तविक नाम भवानीचरण बनर्जी था। वे बंग-भंग से इतने अधिक उद्वेलित हुए कि उन्होंने अपने पत्र *संध्या* के माध्यम से देशभक्ति का प्रचार प्रारंभ कर दिया। उन्होंने कहा—"इस पृथ्वी पर कोई भी शक्ति मुझे जेल में नहीं रख सकती।" उन्होंने अपना कथन सत्य सिद्ध कर दिखाया। उनके लेखों के लिए जब उन पर मुकदमा चल रहा था तभी जेल के अस्पताल में उनकी मृत्यु हो गई।

संध्या के साथ-साथ *जुगांतर* ने भी बंगाल की जनता में उत्साह का संचार किया। इसका प्रकाशन मार्च 1906 में शुरू हुआ था। स्वामी

विवेकानंद के छोटे भाई भूपेंद्रनाथ दत्त ने यह पत्र निकाला था।

उसी वर्ष अगस्त में अरविंद घोष ने *वंदे मातरम्* का प्रकाशन शुरू कर दिया। भारतवासियों के नाम उनके इस संदेश से कि "हम ब्रिटिश शासन से मुक्त पूर्ण स्वायत्तता चाहते है,"—लोग राष्ट्रवादी भावनाओं से अनुप्राणित हो उठे।

गुप्त संस्थाएं

बंगाल में व्याप्त इसी हलचल से खुदीराम बोस जैसे क्रांतिकारी उभरे। अलीपुर कांड के मुकदमे ने राजनीतिक जोश पैदा किया था।

अब, अरविंद घोष और उनके भाई बारींद्र कुमार घोष भी खुलकर सामने आ गए। अरविंद इंग्लैंड में आई.सी.एस. की परीक्षा में बैठे थे और उनके परचे बहुत अच्छे हुए थे। परंतु वे घुड़सवारी में फेल हो गए। इंग्लैंड से लौटकर अरविंद बड़ौदा में प्रोफेसर के रूप में काम करने लगे। बारींद्र को बंगाल में गुप्त क्रांतिकारी संस्थाएं बनाने का काम सौंपा गया।

खुदीराम ऐसी ही एक संस्था के सदस्य थे। चीफ प्रेसिडेंसी मजिस्ट्रेट किंग्सफोर्ड अपनी क्रूरता के लिए कुख्यात हो गया था। उसने अपने अधिकारों से बाहर जाकर अनेक क्रांतिकारियों को सख्त सजाएं दीं। केवल 'वंदे मातरम्' का नारा लगाने पर ही कुछ लोगों को उसने कोड़े लगवाए थे।

क्रांतिकारी, किंग्सफोर्ड को मार डालना चाहते थे। पुलिस को इस योजना का पता चल गया। मजिस्ट्रेट का किसी दूर के स्थान पर तबादला कर दिया गया। बारींद्र कुमार ने मजिस्ट्रेट पर बम फेंकने के लिए खुदीराम तथा कुछ और युवकों को भेजा। खुदीराम ने उसकी गाड़ी पहचान ली परंतु उस दिन उसमें मजिस्ट्रेट के बजाय कुछ महिलाएं जा रही थीं। बम फटने से वे महिलाएं मारी गई। अलीपुर कांड के नाम से मशहूर हुए इस मामले में अरविंद घोष, बारींद्र कुमार तथा खुदीराम गिरफ्तार कर लिए गए। खुदीराम को फांसी की सजा

हुई। 11 अगस्त, 1908 को खुदीराम को फांसी दे दी गई। उन्होंने बहादुरी के साथ फांसी का फंदा चूमा। लोकमान्य बाल गंगाधर तिलक का इस घटना पर ध्यान गया और उन्होंने अपने पत्र *केसरी* में लेख लिखे जिनमें खुदीराम की तारीफ की गई। खुदीराम की फांसी की खबर आग की तरह फैल गई और पूरे बंगाल में खुदीराम का नाम लोगों की जबान पर आ गया। खुदीराम के बारे में लेख लिखने के लिए तिलक को जेल में डाल दिया गया।

इन सब घटनाओं का रास बिहारी पर गहरा असर हुआ। वास्तव में लोकमान्य तिलक उन लोगों में से थे जिन्होंने उन्हें प्रभावित किया, उनकी मनोवृत्ति को राष्ट्रीयता के सांचे में ढालकर स्वतंत्रता संग्राम के मार्ग पर चलने को प्रेरित किया।

महत्वपूर्ण मोड़

खुदीराम की घटना ने रासबिहारी के जीवन का रुख ही मोड़ दिया। धीरे-धीरे उन्हें यह साफ महसूस होने लगा कि देशभक्तों द्वारा क्रांति का सहारा लिए बिना सरकार झुकने वाली नहीं है। उन्होंने लोगों में देशभक्ति के भाव जगाने के उद्देश्य से खुदीराम की तरह कुछ करने का निश्चय किया। उन्होंने प्रमुख क्रांतिकारी नेता जतिन बनर्जी की देखरेख में अपनी क्रांतिकारी गतिविधियों की तैयारी शुरू की।

भारत के युवकों में असंतोष बढ़ता जा रहा था। वे गुप्त संस्थाएं बनाने लगे। परंतु अक्सर इन संस्थाओं को अपना 'करणीय' स्पष्ट रूप से ज्ञात नहीं होता था। उन्हें मोटे तौर पर केवल यही मालूम था कि अंगरेजों को देश से बाहर निकालना है। कई तरह के स्थानीय संगठन अस्तित्व में आ गए और युवक उनमें शामिल हो गए। कुछ युवकों को मास्टर अमीरचंद, अवध बिहारी और बाल मुंकुद जैसे विख्यात क्रांतिकारी नेताओं से प्रशिक्षण लेने के लिए दिल्ली भेजा गया।

रास बिहारी ने बनारस को अपना मुख्यालय बनाया। समूचे उत्तर भारत में विद्रोह की योजना में सैनिकों को शामिल करने के इरादे से

उनके बीच प्रचार करने का काम हाथ में लिया गया। दीनापुर से जालंधर छावनियों तक के सैनिकों के साथ संपर्क किया गया। यह योजना बनी कि एक निश्चित तारीख को भारतीय सैनिक रात के समय अंगरेज सैनिकों पर हमला करेंगे। उसी समय तार की लाइनें काटी जाएंगी, खजाने लूटे जाएंगे तथा कैदियों को रिहा किया जाएगा। क्रांतिकारियों को यह सब सब करने के बाद लाहौर में मिलना था। पूरे भारत में एक साथ विद्रोह की इस कार्रवाई के लिए 21 फरवरी, 1915 की तारीख तय की गई।

परंतु एक जासूस किरपाल सिंह ने, जो रास बिहारी की पार्टी का सदस्य बन गया था, पुलिस को इस तारीख की खबर कर दी। इस बात का पता चलते ही तारीख बदलकर 19 फरवरी कर दी गई। किरपाल सिंह पर कड़ी चौकसी रखी जा रही थी, परंतु उसने तारीख बदलने की खबर भी पुलिस को दे दी। सरकार ने तत्काल कई संदिग्ध ठिकानों पर छापे मारे और कुछ लोगों को गिरफ्तार भी किया। रास बिहारी निकल भागने में सफल हो गए और सुरक्षित बनारस पहुंच गए।

ब्रिटिश सरकार ने अपनी राजधानी कलकत्ता से दिल्ली ले जाने का फैसला किया। रास बिहारी को यह खबर मिली तो वे बहुत खुश हुए। उन्हें लगा कि यही मौका है जब अंगरेजों पर प्रहार करके उन्हें यह जताया जा सकता है कि भारतवासी दबने वाले नहीं हैं और वे तब तक शांत नहीं बैठेंगे जब तक उन्हें पूर्ण स्वतंत्रता नहीं मिल जाती। रास बिहारी ने दिल्ली के कुछ क्रांतिकारियों के साथ मिलकर वाइसराय की यात्रा के दौरान कुछ जबरदस्त कर दिखाने का फैसला किया जिसका जिक्र शुरू में किया जा चुका है।

षड्यंत्र के मुकदमे

सन् 1913 में सरकार ने इंडियन क्रिमिनल लॉ अमेंडमेंट एक्ट (भारतीय फौजदारी कानून संशोधन अधिनियम) पारित किया। इस कानून के अंतर्गत चलाए जाने वाले षड्यंत्र के मुकदमों में सबसे

महत्वपूर्ण दिल्ली षड्यंत्र का मामला था। लॉर्ड हार्डिंग की हत्या की योजना के अपराध में अनेक लोगों पर मुकदमे चलाए गए। मुख्य अभियुक्त थे—मास्टर अमीरचंद, अवध बिहारी, बालमुकुंद तथा बसंत विश्वास।

मास्टर अमीरचंद, अवध बिहारी और बालमुकुंद को दिल्ली जेल में फांसी दी गई। इस पुरानी जेल के स्थान पर अब मौलाना आजाद मेडिकल कालेज बना हुआ है। जेल के जिस हिस्से में फांसी दी गई थी उसे अलग रखा गया है और हर साल मई में वहां शहीदों को श्रद्धांजलि दी जाती है।

बसंत विश्वास को अंबाला जेल में फांसी दी गई। असल में उन्होंने ही एक औरत का भेस बनाकर बम फेंका था। रास बिहारी ने दक्षता से भेस बदला था इसलिए वे पकड़ में नहीं आए और बच निकले।

सर वेलेंटाउन चिरॉल ने अपनी पुस्तक *इंडियन अनरेस्ट* में इस घटना के बारे में लिखा है, "नई राजधानी दिल्ली में वाइसराय की शाही सवारी पर बम फेंकने की घटना से क्रांतिकारी उथल-पुथल पर जबरदस्त असर पड़ा जिसने देश को हिलाकर रख दिया। रास बिहारी ने बम विस्फोट का जो सिलसिला शुरू किया, वह कभी नहीं रुका। उन्होंने ही दूसरे सैनिक विद्रोह की योजना बनाई, जो यदि सफल हो जाती तो उससे भारत में ब्रिटिश साम्राज्य छिन्न भिन्न हो जाता।"

एक प्रसिद्ध लेखिका वसुधा चक्रवर्ती ने लिखा, "रास बिहारी को इस प्रकार सोचने और कार्रवाई करने की प्रेरणा किसने दी? असल में इतिहास की प्रेरक शक्ति चुपचाप अपना काम कर रही थी। इस शताब्दी की शुरूआत में शुरू हुआ स्वतंत्रता संग्राम अब देश की तात्कालिक आवश्यकता बन गया था। ब्रिटिश साम्राज्यवाद पर दिल्ली की सड़कों से किया गया यह हमला भले ही दब गया परंतु बम ने इतिहास के सिंहद्वार को गुंजायमान कर दिया।"

रास बिहारी की जोरदार तलाश की गई, परंतु वे हमेशा की तरह बच निकले। वे भेस बदलने में निपुण थे। जिस शहर में वे रहते वहां उनके छिपने के कम से कम चार ठिकाने होते थे। उनके साथियों

को भी पता नहीं होता था कि उन्होंने रातें कहां बिताईं।

क्रांतिकारियों के मामले देखने वाले प्रसिद्ध पुलिस अधिकारी सर चार्ल्स ने लिखा, "रास बिहारी भेस बदलने में इतने उस्ताद थे कि वे पंजाबी, गुजराती या महाराष्ट्र के वृद्ध व्यक्ति की तरह ऐसा भेस बनाते थे कि कोई भी यह नहीं सोच सकता था कि उन्होंने भेस बदल रखा है। यदि वे चाहते तो क्रांतिकारी के बजाय बढ़िया अभिनेता बन सकते थे।"

सरकार द्वारा सरगर्मी से होनेवाली अपनी तलाश के कारण रासबिहारी कभी एक जगह पर टिक नहीं सके। वे भेस बदलकर पंजाब, उत्तर प्रदेश तथा बंगाल में यात्रा करते।

पहला विश्व युद्ध शुरू हो चुका था और क्रांतिकारियों ने भारत में विद्रोह का बिगुल बजाने के लिए जरमनी की मदद पाने का इंतजाम किया। 20वीं शती के पहले दशक में सैकड़ों भारतीय बेहतर आजीविका के लिए अमेरिका तथा अन्य देशों में गए। भारत से रवाना होते समय उनके विचार क्रांतिकारी नहीं थे। कुछ ही वर्षों में ये साधारण व्यक्ति अमीर हो गए लेकिन उन्हें महसूस होने लगा कि हालांकि वे उन देशों के लोगों से भी अधिक मेहनत कर रहे थे, परंतु उन्हें समुचित सम्मान नहीं मिलता था, क्योंकि वे ऐसे देश से आए थे जो विदेशी शासन के अधीन था। इस प्रकार उनके दृष्टिकोणों में बदलाव आया।

लाला हरदयाल– प्रोफेसर बर्कतुल्ला, तारकनाथ दास जैसे प्रतिष्ठित विद्वानों ने भारत से बाहर बसे भारतीयों में देशभक्ति के बीज बोना शुरू कर दिया। इस प्रकार सन् 1913 में अमेरिका में गदर पार्टी का जन्म हुआ। बाद में इस पार्टी के बहुत से सदस्य महान देशभक्त के रूप में विख्यात हुए। गदर पार्टी के करीब 8,000 सदस्य खुले आम या फिर चोरी छिपे क्रांति लाने के उद्देश्य से भारत आए।

रास बिहारी तथा उनके एक अंतरंग साथी व क्रांतिकारी सचिन सान्याल इस संस्था के संपर्क में आए। एक महाराष्ट्रीय युवक पिंगले सत्येन सेन के साथ जरमनी से सहायता मिलने संबंधी खबर लेकर कलकत्ता पहुंचा। पिंगले को बनारस में रास बिहारी के साथ काम

करना था। रास बिहारी, पिंगले तथा गदर पार्टी सशस्त्र विद्रोह की दिशा में काम कर रहे थे। सचिन सान्याल भी उनके साथ जुड़ गए।

सचिन सान्याल, रास बिहारी के दाएं हाथ थे। उनका कार्यक्षेत्र बनारस था। बाद में सचिन सान्याल गिरफ्तार हो गए और बनारस षड्यंत्र के मामले में उन्हें आजीवन कालेपानी की सजा हुई। अंडमान से रिहा होने के पश्चात् वे अपने पुराने स्थान पर लौट आए। कुछ समय तक वे शांत रहे क्योंकि सन् 1921 में गांधीजी ने असहयोग आंदोलन प्रारंभ कर दिया था। परंतु असहयोग आंदोलन के बाद क्रांतिकारी एक बार फिर मैदान में उतरे और सचिन सान्याल क्रांतिकारियों के महान नेता के रूप में सामने आए। उन्होंने हिंदुस्तान रिपब्लिकन एसोसिएशन बनाया, जिसका बाद में भगत सिंह हिन्दुस्तान सोशलिस्ट रिपब्लिकन एसोसिएशन कर के रूप में पुनः नामकरण दिया।

युगांतर पार्टी के नेता जतिन मुखर्जी ने रास बिहारी से उत्तर प्रदेश और पंजाब में क्रांतिकारी आंदोलन को सक्रिय करने का आग्रह किया। इस दौरान रास बिहारी लाहौर, अमृतसर तथा बनारस में पुलिस की निगाहों से कई बार बाल-बाल बचे थे।

मार्च 1915 में पिंगले कुछ बम ले जाते हुए मेरठ छावनी में गिरफ्तार हो गया और उसे फांसी दे दी गई। तभी रास बिहारी ने भारत से निकलकर जापान पहुंचने का फैसला किया। वे बनारस पहुंचे और *संध्या* के स्वामी विद्यानंद के साथ एक मठ में रहे। उनके पुराने दोस्त ही उनके मुख्य समर्थक थे।

जापान में

12 मई, 1915 को रास बिहारी कलकत्ता से रवाना हुए। रवींद्रनाथ टैगोर के दूर के रिश्तेदार राजा पी.एन.टी. टैगोर को जल्दी ही जापान जाना था रास बिहारी इन्हीं के रूप में जापान चले गए। वे पुलिस को यह विश्वास दिलाने में सफल हो गए कि वे रवींद्रनाथ टैगोर की यात्रा का इंतजाम करने जापान जा रहे हैं।

कुछ लेखकों का मानना है कि रवींद्रनाथ टैगोर को रास बिहारी के छद्‌म रूप की जानकारी थी क्योंकि जब वे दूसरी बार जापान गए तो रास बिहारी ने टैगोर की यात्रा को सफल बनाने का भरसक प्रयास किया। इस बीच रास बिहारी जापान में बहुत बड़ी हस्ती बन चुके थे। उनके लेखों ने उन्हें भारतीय पुनर्जागरण के प्रतिनिधि के तौर पर स्थापित कर दिया था।

रास बिहारी 22 मई 1915 को सिंगापुर पहुंचे और वहां से जून में टोकियो पहुंचे। जून 1915 से जून 1918 तक वे जापान में यहां से वहां भागते रहे। जापान के मान्यता प्राप्त नागरिक बनने तक संघर्षशील क्रांतिकारी के रूप में उन्हें 17 बार अपना घर बदलना पड़ा। इस दौरान उनकी मुलाकात गदर पार्टी के हेरंबलाल गुप्ता तथा भगवान सिंह से हुई। युद्‌ध में जापान, ब्रिटेन का मित्र देश था अतः ब्रिटेन ने कोशिश की कि हेरंबलाल तथा रास बिहारी को वहां से वापस लौटाए।

लॉर्ड हार्डिंग ने अपनी एक रिपोर्ट में लिखा, उनमें से सबसे खतरनाक रास बिहारी बोस है जो बचकर जापान चला गया है। ब्रिटिश सरकार को जापान सरकार के विदेश मंत्रालय पर दबाव डालना चाहिए कि सेना में सशस्त्र विद्रोह फैलाने की योजना बनाने वाले भारतीय साम्राज्य के इस घोर शत्रु को प्रत्यर्पित करके हमे सौंपा जाए।"

ब्रिटिश सरकार का दबाव बढ़ने लगा। हेरंबलाल और रास बिहारी को जापान छोड़ने के आदेश दे दिए गए। परंतु जापान की ब्लैक ड्रेगन पार्टी ने उनका बचाव किया और उन्हें संरक्षण प्रदान किया। वे जापान में ही छिपे रहे। हेरंबलाल भारी जोखिम उठाकर मेक्सिको के एक जहाज में अमेरिका चले गए। रास बिहारी जापानी नागरिक बन गए और उनका लुका-छिपी का सिलसिला खत्म हो गया। श्री सोमा तथा श्रीमती सोमा के परिवार को भारत के प्रति उनकी आकांक्षाओं के लिए सहानुभूति थी। उन्होंने अपनी बेटी तोसिको को इस भारतीय देशभक्त से विवाह करने के लिए राजी किया। सन् 1918 में रास बिहारी ने तोसिको से विवाह कर लिया।

विवाह के बाद रास बिहारी तथा तोसिको का जीवन कष्टमय रहा।

उन्हें कई तकलीफों से गुजरना पड़ा। तोसिको ने एक पुत्र, मसाहिदी तथा एक पुत्री तेताकु को जन्म दिया। रास बिहारी ने जापानी भाषा सीखी तथा वे जापानी भाषा के पत्रकार और लेखक बन गए। वे जापान की सांस्कृतिक गतिविधियों में भाग लेते रहे तथा भारतीय दृष्टिकोण को समझाते हुए उन्होंने जापानी भाषा में कई पुस्तकें लिखीं।

मार्च 1925 में 28 वर्ष की आयु में तोसिको का निधन हो गया। बच्चों का लालन पालन नाना-नानी ने किया।

रास बिहारी ने 27 जनवरी 1934 को अपनी बहन सुशीला को भेजे अपने पत्र में लिखा,..."मुझे खुशी है कि तुम्हें पैसे मिल गए। मेरी माली हालत बहुत अच्छी नहीं है इसलिए मैं ज्यादा पैसे नहीं भेज पाया...यह जानकर दुख हुआ कि माशी मां का स्वास्थ्य ठीक नहीं है। उनके बारे में लिखना और उन्हें मेरा प्रणाम कहना। उनकी देखभाल करते रहना और चरखा कातना मत छोड़ना..."

रास बिहारी ने अपनी हर सांस मातृभूमि को अंगरेजों से मुक्त कराने के प्रयास किए। क्रांतिकारी के रूप में रास बिहारी चरखा कातने के पक्ष में नहीं थे, परंतु उन्होंने अपनी बहन से चरखा कातना जारी रखने को कहा।

रास बिहारी काम से कभी विमुख नहीं हुए। मुख्य रूप से उनके ही प्रयासों से राजनीतिक विषयों पर चर्चा के लिए टोकियो में 28 से 30 मार्च, 1942 तक एक सम्मेलन का आयोजन हुआ। इसके बाद बैंकाक में 15 से 23 जून, 1942 को हुए सम्मेलन में रास बिहारी को अध्यक्ष चुना गया। उन्होंने तिरंगा झंडा फहराया और इंडियन इंडिपेंडेंस लीग का उद्घाटन किया। इसका उद्देश्य भारत को पूर्ण स्वतंत्रता दिलाना था।

आजाद हिंद फौज

दूसरे विश्वयुद्ध में रास बिहारी को काफी राजनीतिक ख्याति मिली। जब जापान ने युद्ध की घोषणा की तो जापान द्वारा जीते गए

पूर्व एशिया के विस्तृत भू-भाग का दौरा करते हुए रास बिहारी ने कैप्टेन मोहन सिंह तथा सरदार प्रीतम सिंह की मदद से आजाद हिंद फौज की स्थापना की।

1 सितंबर, 1942 को आजाद हिंद फौज का विधिवत् गठन हुआ। रास बिहारी उसके अध्यक्ष चुने गए। जापान की विजय पताका बर्मा (म्यांमार) तक फहराने लगी तो आजाद हिंद फौज का महत्व बढ़ गया, क्योंकि युद्धबंदियों को रंगरूटों के रूप में भरती कर लिया गया।

दुर्भाग्यवश आंतरिक झगड़ों के कारण इसकी प्रगति में बाधा पड़ गई और कुछ समय के लिए यह निष्क्रिय हो गई।

2 जुलाई, 1943 को सुभाषचंद्र बोस सिंगापुर पहुंच गए और फिर 25 अगस्त को उन्होंने आजाद हिंद फौज की सर्वोच्च कमान संभाल ली।

सुभाषचंद्र बोस महान् भारतीय नेता थे। आजादी के लिए संघर्ष कर रही क्रांतिकारी पार्टियों के प्रति उनके मन में सराहना और सहानुभूति का भाव था। वे कांग्रेस के प्रमुख नेता थे। सन् 1938 में वे हरिपुरा में कांग्रेस के अध्यक्ष बने। परंतु जल्दी ही गांधीजी और सुभाषचंद्र बोस में मतभेद पैदा हो गए। गांधीजी के विरोध के बावजूद सुभाष चंद्र बोस ने कांग्रेस के अध्यक्ष पद के दूसरे कार्यकाल के लिए चुनाव लड़ा। चुनाव में वे विजयी रहे और सन् 1939 में कांग्रेस के त्रिपुरी अधिवेशन की उन्होंने अध्यक्षता की। गांधीजी, सुभाषचंद्र बोस के दूसरी बार अध्यक्ष बनने के पक्ष में नहीं थे। हालात ऐसे बने कि उन्हें अध्यक्ष पद से इस्तीफा देना पड़ा। उन्होंने कांग्रेस छोड़ दी और फॉरवर्ड ब्लॉक का गठन किया।

कुछ समय तक राजनीतिक गतिविधियों में सक्रिय रहने के बाद सुभाष चंद्र बोस जनवरी 1941 में गुप्त रूप से भारत से बाहर चले गए।

जिस समय आजाद हिंद फौज आंतरिक संकट के दौर से गुजर रही थी उस समय सुभाष चंद्र बोस को अपने पास पाकर रास बिहारी को बहुत राहत महसूस हुई।

21 जनवरी 1945 को युद्ध समाप्त होने से पहले जब जापान की स्थिति कमजोर हो रही थी तभी रासबिहारी बोस का सोते हुए ही स्वर्गवास हो गया। सुभाषचंद्र बोस ने उनकी देशभक्ति और उनके क्रांतिकारी कार्यों की सराहना करते हुए उन्हें श्रद्धांजलि दी।

रासबिहारी का जीवन काल तीन भागों में बांटा जा सकता है। उनके जीवन के प्रथम 20 वर्ष अर्थात् सन् 1886 से सन् 1906 तक बंगाल में बीते। बचकर जापान जाने तक, सन् 1907 से सन् 1915 तक का समय उत्तर भारत में बीता। सन् 1915 में वे जापान चले गए और उसके बाद मृत्युपर्यंत जापान में रहे।

रासबिहारी प्रबल व्यक्तित्व के धनी थे। वे राष्ट्रवादी थे परंतु अंतरराष्ट्रीय सहयोग के हामी थे जैसा कि दोनों विश्व युद्धों में दिखाई भी दिया। सामाजिक मामलों में वे उदारवादी थे। भारत में उन्होंने अत्यंत सादा गैर-परंपरागत ढंग से जीवन बिताया। उनका स्वभाव भी काफी शांत रहा।

भारतीय क्रांतिकारी आंदोलन में उनकी भूमिका बेजोड़ रही। उनका राजनीतिक जीवन चंदर नगर तथा कलकत्ता से प्रारंभ हुआ। देहरादून तथा पंजाब में रहते हुए उन्होंने स्थानीय लोगों का विश्वास जीतकर उनके साथ काम किया। वे क्षेत्रवाद से ऊपर थे। उन्होंने अपनी शानदार संगठन क्षमता का परिचय लॉर्ड हार्डिंग बम कांड तथा दूसरे विश्व युद्ध के दौरान आजाद हिंद फौज की स्थापना में दिया।। वे भारतीय क्रांतिकारी आंदोलन के महान नायक के रूप में हमेशा याद किए जाते रहेंगे।

"मैं भारतीय जनता का आह्वान करता हूं कि वह अपने जन्मसिद्ध अधिकारों और स्वराज की प्राप्ति के लिए निरंतर आगे बढ़े। जिससे भारत एक बार फिर अपनी सभ्यता एवं संस्कृति के बल पर विश्व के महानतम देशों में गिना जाए।"

दादा भाई नौरोजी
(कलकत्ता में सम्मेलन में दिए गए भाषण का अंश)

एस. सत्यमूर्ति

के. आर. वैद्यनाथन

"लोग स्वतंत्रता प्राप्त करने का संकल्प एक बार कर लें तो फिर दुनिया की कोई ताकत उनके मार्ग की बाधा नहीं बन सकती।"

एस. सत्यमूर्ति

एस. सत्यमूर्ति

सन् 1910 की बात है। 23 साल के एक नवयुवक ने इंपीरियल लीग द्वारा आयोजित एक प्रतियोगिता के लिए निबंध लिखा। निबंध का विषय था 'ब्रिटिश राज के प्रति निष्ठा'। निबंध के लिए उसे स्वर्ण-पदक मिला। पुरस्कार के लिए उसने ब्रिटिश शासकों की कोई चापलूसी नहीं की थी। इसके बजाय उसने यह तर्क दिया कि वफादारी दुतरफा मामला है जिसमें 'इस हाथ दे उस हाथ ले' वाली बात होती है। इस तरह उसने छोटी उम्र में ही अपनी तर्कशक्ति का परिचय दे दिया।

इस नवयुवक नाम था—एस. सत्यमूर्ति, जिन्होंने आगे चलकर ब्रिटिश राज का खुलकर विरोध किया। इस जोशीले वक्ता, विवादी तथा प्रतिभाशाली सांसद के बारे में महात्मा गांधी ने एक बार कहा था, "असेंबली में एक सत्यमूर्ति की उपस्थिति ही पर्याप्त हैं और कहीं दस सत्यमूर्ति होते तो अंगरेज यहां से बहुत पहले कूच कर गए होते।"

अचरज की बात यह है कि पुरस्कार जीतने वाले यही सत्यमूर्ति 7 वर्ष पहले सन् 1903 में अपनी मैट्रिक की परीक्षा उत्तीर्ण नहीं कर सके थे। उस समय वे 16 वर्ष के थे। परंतु यह विफलता उनके लिए सफलता की सीढ़ी सिद्ध हुई। अगले वर्ष सत्यमूर्ति ने अच्छे अंकों से परीक्षा उत्तीर्ण की तथा उसके बाद कॉलेज की शिक्षा पूरी की। उन्होंने सन् 1906 में बी.ए. पाठ्यक्रम के लिए मद्रास (अब चेन्नई) क्रिश्चियन कॉलेज में दाखिला लिया। वे कॉलेज के सबसे प्रतिभावान छात्रों में से एक थे। उन्होंने अंगरेजी में प्रथम श्रेणी तथा संस्कृत एवं इतिहास में उच्च द्वितीय श्रेणी हासिल की।

बी.ए. करने के बाद वे लॉ कॉलेज में भरती हो गए। यहां भी उन्होंने विशेष योग्यता के साथ परीक्षा उत्तीर्ण की। लॉ कॉलेज के प्रिंसिपल तो उन्हें उसी कॉलेज में प्राध्यापक बनाना चाहते थे, परंतु एस. सत्यमूर्ति ने कक्षा की चारदीवारी में बंद रहने के बजाय व्यापक क्षेत्र में काम करना पसंद किया।

सन् 1913 में उन्होंने उच्च न्यायालय में वकील के रूप में काम करना शुरू किया। उसी दौरान वे कांग्रेस के अग्रणी नेता तथा प्रमुख वकील एस. श्रीनिवास आयंगार के संपर्क में आए। वे सत्यमूर्ति की वाक्पटुता तथा वाद-विवाद क्षमता से इतने प्रभावित हुए कि उन्होंने उन्हें राजनीति में लाने का फैसला कर लिया। सन् 1915 के आसपास सत्यमूर्ति ने वकालत छोड़ दी और अपना पूरा समय राजनीति तथा सार्वजनिक कामों में लगाने लगे। उसके बाद उन्होंने कभी पीछे मुड़कर नहीं देखा।

तीन भविष्यवाणियां

तमिलनाडु में पुडुकोहई प्रदेश के तिरूपय्यम गांव में 19 अगस्त, 1887 को सत्यमूर्ति के जन्म के तत्काल बाद उनके पिता ने जो शौकिया ज्योतिषी थे, बच्चे की कुंडली का अध्ययन करके तीन भविष्यवाणियां की। वह प्रसिद्ध वक्ता बनेगा, उसका यश 'समुद्र पार' तक फैलेगा और वह अपने पिता का श्राद्ध गया में करेगा। ये तीनों भविष्यवाणियां सत्य सिद्ध हुईं।

जब सत्यमूर्ति नौ वर्ष के थे तब उनके परंपरावादी ब्राह्मण, विद्वान तथा वकील पिता सुंदर शास्त्रियार की मृत्यु हो गई। वे अपने पीछे पत्नी, बच्चों तथा बूढ़े माता-पिता को छोड़ गए। सत्यमूर्ति पांच बेटों में सबसे बड़े थे। वे कुल मिलाकर नौ भाई बहन थे। परिवार की देखभाल का दायित्व उन पर तथा उनकी मां पर आ पड़ा।

पूरी मेहनत से अपनी पढ़ाई जारी रखते हुए भी उन्होंने अपने देश में होने वाली घटनाओं को भुलाए नहीं रखा। उन्होंने कॉलेज में अपनी

विकासात्मक भावनाओं और संवेदनशीलता से युक्त बीते वर्षों के बारे में चर्चा करते हुए लिखा, "हमारा समय बहुत उत्तेजनाजनक था। विपिनचंद्र पाल मद्रास आए और हम अत्यंत उत्तेजित हो उठे। हमने उनके सारे व्याख्यान सुने। लाला लाजपत राय को देश निकाला दिया गया तो हमने कक्षाओं का बहिष्कार किया।"

उत्तेजनाजनक घटनाएं

जब वे पुडुकोटई में स्नातक पूर्व के पाठ्यक्रम की पढ़ाई कर रहे थे तभी ऐसी कई घटनाएं हुई जिनसे प्रभावित होकर सत्यमूर्ति जैसे नौजवान सार्वजनिक जीवन में रुचि लेने लगे। 16 अक्टूबर, 1905 को हुए बंगाल के विभाजन से सारे देश में आक्रोश फैल गया। हिंदुओं तथा मुसलमानों ने इसमें अंगरेजों की 'फूट डालो और राज करो' की नीति को व्यवहार में आते देखा और इसका डटकर विरोध किया। युवा सत्यमूर्ति चुप नहीं बैठ सके। उन्होंने अंगरेजों के अत्याचारों का विरोध करने के लिए छात्रों की एक सभा आयोजित की।

बंग-भंग से इंग्लैंड की वस्तुओं के बहिष्कार तथा स्वदेशी आंदोलन का सूत्रपात हुआ। सभी वर्गों के लोगों ने अपने-अपने ढंग से इस आंदोलन में भाग लिया। जाने-माने इतिहासकार डॉ. आर.सी. मजूमदार ने लिखा, "मैमनसिंह में मोचियों ने अंगरेजों के जूते गांठने से इनकार कर दिया। उड़िया रसोइयों तथा नौकरों ने एलान कर दिया कि वे विदेशी चीजों का इस्तेमाल करने वाले अपने मालिकों की सेवा नहीं करेंगे। काली के धोबियों ने विदेशी कपड़ों की धुलाई का बहिष्कार करने का प्रस्ताव पारित किया। छह साल की एक बच्ची ने बहुत बीमार होने पर भी विदेशी दवा लेने से इनकार कर दिया। छात्रों ने उस आधार पर परीक्षाओं में बैठने से मना कर दिया क्योंकि उत्तर पुस्तिकाएं विदेशी कागज से बनी थीं।"

बीसवीं शती के पहले दशक में भारत में रेल सेवाओं की शुरूआत हुई। इसके तथा डाक-तार प्रणाली के मुख्य केंद्रों के बीच संपर्क जुड़

गया। संचार व्यवस्था की इस प्रगति के फलस्वरूप देश भर में समाचारपत्रों का विकास हुआ जिससे शिक्षित लोगों में उत्तेजना आने लगी।

अंगरेजी शिक्षा लागू होने तथा 19वीं शताब्दी के उदारवादी दार्शनिकों के विचारों के प्रभाव से भारत ने मध्य युग से निकलकर आधुनिक युग में कदम रखा। आधुनिक भारत के पुनर्जागरण से देश को गहरी नींद से जगाने में मदद मिली। इससे जागरण का ऐसा सिलसिला चला जिसने हमारे राष्ट्रीय जीवन के सभी पहलुओं—धार्मिक, सामाजिक, सांस्कृतिक, साहित्यिक और सबसे अधिक राजनीतिक, को प्रभावित किया। जैसा कि डॉ. मजमूदार ने लिखा है, "अंगरेजी शिक्षा ने उन बाधाओं को समाप्त कर दिया जो अब तक भारत को बाहरी दुनिया से अलग किए हुए थीं और भारत में विचारों की जैसे बाढ़ सी आ गई।

अंगरेजी शिक्षा ने संभ्रांत वर्ग को जागृत किया तो आम लोगों में लोकप्रिय गीतों तथा गाथाओं के जरिए जागृति पैदा हुई। लाला लाजपत राय की गिरफ्तारी तथा बाल गंगाधर तिलक के मुकदमे और सजा जैसी सनसनीखेज घटनाओं का गीतों के माध्यम से मार्मिक बखान किया गया जिससे लोगों में जागृति आई।

इस प्रसंग में यह भी दिलचस्प बात है कि सन् 1905 में गोपाल कृष्ण गोखले की अध्यक्षता में बनारस में हुए कांग्रेस अधिवेशन में हमारा राष्ट्रीय गीत 'जन गण मन' स्वयं इसके रचयिता रवींद्रनाथ टैगोर द्वारा गाया गया था।

गांधीजी का प्रभाव

कांग्रेस के इतिहास की जिस सबसे महत्वपूर्ण घटना ने युवकों को प्रेरित किया वह थी सन् 1919 में अनुपम नेता के रूप में महात्मा गांधी का उदय। उसी साल जलियांवाला बाग में नरसंहार हुआ था, जिसमें पंजाब के देशभक्तों ने पहली बार ऐसा रक्तपात देखा था।

सन् 1920 का वर्ष भी बहुत महत्वपूर्ण था, जब कांग्रेस का नागपुर अधिवेशन हुआ। सी. विजयराघवचारियर की अध्यक्षता में हुए इस

अधिवेशन में व्यापक स्तर पर अहिंसात्मक असहयोग आंदोलन और महत्वपूर्ण झंडा सत्याग्रह का जन्म हुआ।

अपनी पीढ़ी के अन्य युवकों की तरह सत्यमूर्ति ने भी महात्मा गांधी के प्रति जबरदस्त आकर्षण महसूस किया।

सत्यमूर्ति सी.आर. दास के भी निष्ठावान अनुयायी बन गए। सी.आर. दास काउंसिल प्रवेश कार्यक्रम के लिए दक्षिण के कांग्रेसजनों का समर्थन जुटाने के लिए सन् 1917 में मद्रास (चेन्नई) गए थे। इस संबंध में सत्यमूर्ति लिखते हैं, "सी.आर. दास इंडियन नेशनल कांग्रेस की एक नई विचारधारा के नेता के रूप में मद्रास आए...उन्होंने मद्रास के लोगों को तात्विक चिंतन और निराशा के उस दलदल से, जिसमें वे गिरे हुए थे या उन्हें गिराया गया था, निकालकर उन्हें राष्ट्रवाद और स्वराज के असली काम में प्रवृत्त किया जिससे इन लोगों को लगा जैसे वे राष्ट्रवाद और स्वराज के कार्य रूपी पर्वतों से आई स्वच्छ हवा में सांस ले रहे हों।"

कांग्रेस द्वारा आह्वान

भारत के सपूतो, तुम बेकार क्यों बैठे हो।
तुम्हें किस दैवीय सहयोगी की प्रतीक्षा है?
कमर कसो, उठो और काम करो,
राष्ट्र ही खुद का निर्माण करते हैं।

कर्म करने के लिए भारत के सपूतों का आह्वान किसी भारतीय नेता ने नहीं बल्कि एक अंगरेज ए.ओ.ह्यूम ने किया। ए.ओ.ह्यूम ने ही कांग्रेस के आंदोलन को गति प्रदान की।

ह्यूम ने सबसे पहले सन् 1883 में कलकत्ता विश्वविद्यालय के स्नातकों को पत्र भेजकर उन्हें "भारत की जनता के मानसिक, नैतिक, सामाजिक तथा राजनैतिक पुनरुद्धार के लिए" एक संगठन बनाने का सुझाव दिया। इसी के अनुरूप सन् 1885 में मुंबई में कांग्रेस की स्थापना हुई।

सत्यमूर्ति की प्रगति करती पीढ़ी का पालन-पोषण इसी भावनापूर्ण

वातावरण में हुआ। उस पीढ़ी के लिए कांग्रेस के आह्वान की उपेक्षा कर पाना असंभव था। सन् 1908 में जब सत्यमूर्ति 21 वर्ष के ही थे और कॉलेज में थे तो उन्होंने चेन्नई में रास बिहारी घोष की अध्यक्षता में हुए कांग्रेस अधिवेशन में स्वयंसेवक के रूप में काम किया। उसी दौरान वक्ता के रूप में उनकी प्रतिभा सामने आई और उन्हें बाद के कांग्रेस अधिवेशनों में भाग लेने के लिए प्रोत्साहन मिला।

सन् 1914 में चेन्नई में अगला कांग्रेस अधिवेशन भूपेंद्रनाथ बसु की अध्यक्षता में हुआ तो सत्यमूर्ति एक उपसमिति के अध्यक्ष बनाए गए। बीच के वर्षों में वे लोकहित के विभिन्न मुद्दों का अध्ययन करते रहे और समाचारपत्रों में लेखों तथा पत्रों के माध्यम से उन पर अपने विचार व्यक्त करते रहे। उन्होंने एनी बेसेंट के होमरूल आंदोलन पर भी एक समीक्षात्मक लेख लिखा।

सत्यमूर्ति ने वक्ता एवं विवादी के रूप में अपना पहला भाषण मई सन् 1918 में कांचीपुरम में हुए प्रांतीय राजनीतिक सम्मेलन में दिया। सम्मेलन की अध्यक्षता सरोजिनी नायडू ने की थी। एनी बेसेंट ने एक प्रस्ताव रखा जिसमें लोगों से रक्षा सेनाओं में भरती होने और प्रथम विश्वयुद्ध में अंगरेजों की सहायता करने का आह्वान किया गया था।

सत्यमूर्ति ने अपने ओजपूर्ण भाषण में प्रस्ताव का विरोध किया। यद्यपि उन्हें इसमें सफलता नहीं मिली, लेकिन करांची के डेली गजट के संपादक के अनुसार, "उन्होंने श्रोताओं पर बहुत अच्छा प्रभाव डाला।"

स्वयं सरोजिनी नायडू ने कहा कि सत्यमूर्ति को संसदीय वक्तृत्व कला का आदर्श माना जा सकता है। यह मामूली प्रशंसा नहीं थी। एक ही वर्ष के भीतर अप्रैल 1919 में सत्यमूर्ति को इंग्लैंड जाने वाले कांग्रेस के उस प्रतिनिधिमंडल का सदस्य बनने के लिए भी आमंत्रित किया गया जो अंगरेज सरकार तथा वहां की जनता के सामने मांटेग्यू-चेम्सफोर्ड सुधारों के बारे में अपना राष्ट्रवादी दृष्टिकोण रखने के लिए भेजा गया था। प्रतिनिधि मंडल का नेतृत्व पंडित मदन मोहन मालवीय ने किया।

समुद्र पार

प्रतिनिधि मंडल में शामिल होने के लिए मुंबई से तार आया तो उनके पास फैसला करने के लिए केवल एक दिन का समय था। सत्यमूर्ति ने कहा, "एक क्षण के लिए भी झिझके बिना मैंने निमंत्रण स्वीकार कर लिया।" कांग्रेस के आह्वान के प्रति जीवन भर उनका यही रवैया रहा।

यह सत्यमूर्ति की पहली विदेश यात्रा थी। इसमें उनके पिता की यह भविष्यवाणी सत्य हो गई कि उनका यश सागरों के पार भी फैलेगा। उन्हें कुछ सप्ताह बाद भारत लौटना था। परंतु उन्हें वहीं रुकने और कांग्रेस का प्रचार ज़ारी रखने के लिए कहा गया ताकि भारत के बारे में अंगरेजों के मन में कोई गलतफहमी न रहे और दोनों देशों में बेहतर समझ-बूझ बन सके। इसके लिए सत्यमूर्ति ने कई जन-सभाओं में भाषण दिए और प्रमुख ब्रिटिश राजनेताओं के साथ मुलाकात की। अंततः इंग्लैंड में ये छह महीने तक रहे।

इंग्लैंड में लंबे समय तक ठहरने से कितना फायदा हुआ यह स्कॉटिश इंडिपेंडेंट पार्टी द्वारा उन्हें भेजे गए पत्र से जाहिर होता है। पत्र में लिखा था, "अनेक विशाल जनसभाओं में आपके द्वारा की गई वाक्पटु अपीलों का जोरदार प्रभाव पड़ा है और आपकी अनुपस्थिति में हम भारत की जनता को न्याय दिलाने के संघर्ष का काम जारी रखेंगे।"

इधर भारत लौटने पर सत्यमूर्ति का शानदार स्वागत हुआ। इसके बारे में उन्होंने स्वयं लिखा, "इससे मैंने वकालत का व्यवसाय फिर से न अपनाने और देश में कांग्रेस का प्रचार करने का निश्चय किया।" सत्यमूर्ति ने वास्तव में राजनीतिक काम को ही अपने जीवन का लक्ष्य माना और जीवन भर इसे निभाया। एक बार उन्होंने गांधीजी से भी कहा, "राजनीतिक काम के बिना मुझे जीवन बहुत नीरस लगता है।"

यह कल्पना करना कठिन नहीं है कि परिवार के भरण पोषण के लिए 34 वर्षीय व्यक्ति के लिए आजीविका कमाना कितना जरूरी था। परंतु सत्यमूर्ति के सामने जीवन का लक्ष्य एकदम स्पष्ट था।

उनका कहना था," मैंने अपनी मातृभूमि की सेवा के लिए जानबूझकर कठोर तथा गरीबी से भरा सार्वजनिक कार्य का जीवन चुना है।"

जब महात्मा गांधी ने असहयोग आंदोलन शुरू किया तो सत्यमूर्ति उसमें शामिल नहीं हुए। उन्होंने स्पष्ट किया कि देशभक्त होने के कारण वे कांग्रेस में बने रहेंगे किंतु उन्होंने गांधीजी के आह्वान पर कोई प्रतिक्रिया नहीं की।

अपनी वकालत स्थगित करके उन्होंने एक सीमा तक महात्मा गांधी के अदालतों के बहिष्कार के आह्वान का ही पालन किया। परंतु उन्होंने मद्रास विश्वविद्यालय की सदस्यता नहीं छोड़ी, क्योंकि वे विश्वविद्यालय के कार्यों में सक्रिय भूमिका निभाना चाहते थे और छात्रों के साथ संबंध बनाए रखना चाहते थे।

सत्यमूर्ति असेंबली में प्रवेश पर प्रतिबंध के भी खिलाफ थे, जिसकी कुछ नेता मांग कर रहे थे। उनका मानना था कि काउंसिल के अंदर रहकर असहयोग आंदोलन को और आगे बढ़ाया जा सकता है। उन्होंने कहा, "यह वास्तव में संघर्ष को दुश्मन के घर तक ले जाने और उसकी जमीन पर ही लड़ने के बराबर है।" अपने तर्क के समर्थन में उन्होंने आयरिश नेताओं चार्ल्स स्टीवर्ट पर्नेल और ईमन दे वलेरा का उदाहरण दिया जो ऐसे ही मकसद से ब्रिटिश संसद के सदस्य बने थे।

सन् 1923 में सत्यमूर्ति मद्रास लेजिस्लेटिव काउंसिल के सदस्य बने। वे विश्वविद्यालय चुनाव क्षेत्र में चुनाव जीते। इसका उन्होंने यह कारण बताया–"केवल यही चुनाव क्षेत्र ऐसा है जिसमें प्रेसिडेंसी के आंध्र, तमिल, मलयाली, कन्नड़, हिंदू, मुसलमान, ईसाई आदि सभी वर्गों के लोग रहते हैं...मैं पूरी प्रेसिडेंसी के शिक्षित वर्ग की आवाज उठाने के लिए अधिकृत होने की अद्वितीय स्थिति में रहूंगा।"

सत्यमूर्ति की चुनाव अपील में कहा गया "अपने राजनीतिक जीवन के प्रारम्भ से ही मैं कांग्रेसी हूं और आगे भी रहूंगा। मैं मानता हूं कि इंडियन नेशनल कांग्रेस पिछले 40 वर्षों से भारत के सर्वश्रेष्ठ विद्वानों तथा सर्वाधिक समर्पित व्यक्तियों के योगदान का परिणाम है और प्रत्येक देशभक्त का यह कर्तव्य है कि वह इस महान राष्ट्रीय

संस्था को सशक्त बनाए ताकि यह भारत के स्वराज के पोषित लक्ष्य को प्राप्त कर सके।"

यहां तक कि एनी बेसेंट ने जिनका उन्होंने विरोध किया, अपने अखबार *न्यू इंडिया* के परिशिष्ट के रूप में उनकी अपील प्रकाशित की। उन्होंने एक पत्र भी भेजा जिसमें विश्वविद्यालय चुनाव क्षेत्र के सर्वश्रेष्ठ उम्मीदवार के रूप में सत्यमूर्ति के नाम की सिफारिश की।

सत्यमूर्ति काफी मतों से विजयी हुए और उनकी जीत का अनेक राजनेताओं ने स्वागत किया। पहले दिन से ही उनकी आवाज बाकी सदस्यों से ऊपर रही और काउंसिल हाल में गूंजने लगी। तीन वर्ष के अपने कार्यकाल में उन्होंने सभी महत्वपूर्ण चर्चाओं में हिस्सा लिया और 7,000 से अधिक प्रश्न रखे तथा असंख्य पूरक प्रश्न पूछे।

उन दिनों जस्टिस पार्टी सत्ता में थी। चेन्नई के तत्कालीन गवर्नर लॉर्ड विलिंग्डन ने जस्टिस पार्टी को कांग्रेस से भिड़ा दिया और पार्टी के नेता से मंत्रिमंडल का गठन करने को कहा। तदनुसार पनगल के राजा ने मंत्रिमंडल का गठन किया। परंतु नए मंत्रिमंडल की आलोचना हुई, क्योंकि उसका गठन जान-बूझकर सांप्रदायिक आधार पर हुआ था।

एक अन्य प्रसिद्ध वक्ता सी. रामलिंग रेड्डी ने सरकार के खिलाफ अविश्वास प्रस्ताव रखा। 27 नवंबर, 1923 को प्रस्ताव का समर्थन करते हुए सत्यमूर्ति ने सदन में अपना पहला भाषण दिया। भाषण बहुत ओजपूर्ण तथा विचारपूर्ण था जिसका तालियों से जोरदार स्वागत किया गया। परिषद के सह-सचिव आर.वी. कृष्ण अय्यर ने कहा, "सदन में इतना जोरदार और उद्वेलित कर देने वाला भाषण पहले कभी नहीं हुआ।

वाक्पटुता

सत्यमूर्ति केवल इसलिए महान नहीं थे कि उनमें वाक्पटुता थी बल्कि उनकी महानता उनके गहन अध्ययन और तथ्यपरक ज्ञान के साथ-साथ इस बात पर आधारित थी कि वे विषय को युक्तिसंगत ढंग

से प्रस्तुत करने में सक्षम थे। वे जोरदार तर्क पेश करते थे और अपने मत की पुष्टि के लिए उद्धरण दिया करते थे। उनका एक बहुत लंबा भाषण ब्रिटिश उपनिवेशों में भारतीयों के साथ होने वाले अपमान से संबंधित था। उसमें उन्होंने अपने तर्कों की पुष्टि के लिए बी.एस. श्रीनिवास शास्त्री, सी.एफ. एंड्रयूज, विंस्टन चर्चिल और शेक्सपियर के कथन, महाभारत के उद्धरण और संस्कृत के श्लोक प्रस्तुत किए।

उन्हें यह कथन बहुत प्रिय था 'यह बात नहीं है कि मुझे साम्राज्य से कम प्यार है, लेकिन मैं भारत से अधिक प्रेम करता हूं।"

सत्तारूढ़ दल के सदस्य सत्यमूर्ति से कांपते थे। बताया जाता है कि मंत्रियों तथा संसद सदस्यों को हर रोज काउंसिल में आने पर यही डर सताता रहता था कि सत्यमूर्ति के कटाक्ष वार न सहने पड़ें। एक बार एक प्रश्न पर मुख्यमंत्री की चुप्पी की ओर इशारा करते हुए सत्यमूर्ति ने कहा, "मैं यह पूछता हूं कि क्या इस सार्थक चुप्पी का राजनीतिक ईमानदारी और शिष्टाचार के किसी भी सामान्य मानदंड से सामंजस्य स्थापित किया जा सकता है?"

क्रांतिकारी विचार

सरकारी सेवाओं में सांप्रदायिक प्रतिनिधित्व के बारे में सत्यमूर्ति के विचार अत्यंत स्पष्ट थे। उनका कहना था, "आखिर हमें इसी देश में रहना है, भाई तथा मित्र बनकर रहना है...मैं चाहता हूं कि सभी समुदायों ब्राह्मण, गैर ब्राह्मण, हिन्दू, मुसलमान, ईसाई, दलित वर्गों को स्वराज प्राप्ति के लिए कड़े संघर्ष में एकजुट होकर भाग लेना चाहिए।

सत्यमूर्ति द्वारा संसद में किए गए अनेक साहसिक कार्यों में से एक था मद्रास पुलिस द्वारा सुब्रह्मण्यम भारती के गीतों की पुस्तक जब्त करने के संबंध में मद्रास कांउसिल में 8 अक्टूबर, 1927 को स्थगन प्रस्ताव लाना।

मद्रास हाईकोर्ट में अर्जी दाखिल किए जाने के कारण मामला न्यायालय के विचाराधीन था। अतः इस मामले पर स्थगन प्रस्ताव

विचार के लिए मंजूर कराने के लिए भी उन्हें लंबा संघर्ष करना पड़ा।

सत्यमूर्ति ने कहा कि सुब्रह्मण्यम भारती यदि किसी स्वतंत्र देश में जन्मे होते तो उन्हें राष्ट्रकवि के रूप में सम्मानित किया जाता। परंतु भारत जैसे गुलाम देश में उन्हें निर्वासित जीवन बिताना पड़ा जिससे तबाह हो गए। उन्होंने कहा कि जब तक तमिल भाषा रहेगी और एक भी तमिल व्यक्ति जीवित रहेगा, भारती के गीत तमिल प्रजाति की अमूल्य धरोहर बने रहेंगे।

सेंट्रल असेंबली में

सन् 1934 में केंद्रीय विधानसभा के लिए चुनाव हुए। कांग्रेस ने पहली बार चुनावों में भाग लिया। मद्रास शहर चुनाव क्षेत्र से सत्यमूर्ति को उम्मीदवार बनाया गया। उनका मुकाबला प्रखर वक्ता और जस्टिस पार्टी के उम्मीदवार ए. रामास्वामी मुदलियार से था। दोनों की सभाओं में बड़ी संख्या में लोग जमा होते थे। परंतु दोनों का अभियान काफी सभ्य ढंग से चला। ऐसा कहा जाता है कि कई बार अभियान के दौरान दोनों उम्मीदवारों की मुलाकात हो जाती तो वे एक-दूसरे से हाथ मिलाते थे। सत्यमूर्ति के कुछ प्रशंसकों ने यह देखा तो एतराज किया। परंतु सत्यमूर्ति ने इस मामले को मजाक में उड़ाते हुए कहा, "असल में मैं उनकी नब्ज देख रहा था।"

एक बार तो दोनों उम्मीदवारों ने एंग्लो-इंडियन एसोसिएशन द्वारा उपलब्ध कराए गए एक ही मंच से अपने विचार व्यक्त किए। एसोसिएशन के अध्यक्ष ई.एच.एम. ब्रोअर ने उन वक्ताओं का परिचय कराते हुए कहा कि दोनों ही प्रतिष्ठित सज्जन हैं और अनेक विषयों पर इनके विचार भिन्न हैं। उन्होंने आमने-सामने आकर बहस करने के लिए दिखाए साहस और हिम्मत के लिए दोनों की सराहना की।

सत्यमूर्ति 5 हजार से अधिक वोटों के अंतर से चुनाव जीत गए। जब वे रिपन बिल्डिंग से बाहर निकले तो बाहर खड़ी भीड़ ने हर्ष ध्वनि से उनका स्वागत किया। अपने समर्थकों का आभार व्यक्त करते हुए

उन्होंने कहा, "आज की शाम आप जिस सफलता पर इस समय खुशी मना रहे हैं वह मेरी नहीं है। यह सफलता कांग्रेस, महात्मा गांधी और भारत माता की है।"

एक भूतपूर्व आई.सी.एस. अधिकारी हिल्टन ब्राउन ने कहा, "सत्यमूर्ति के चले जाने के बाद मद्रास कांउसिल की रौनक कम हो गई।" परंतु सत्यमूर्ति को सेंट्रल असेंबली के रूप में अपनी प्रतिभा के इस्तेमाल का और ऊंचा मंच मिल गया। वे ब्रिटिश शासकों की आंख की किरकिरी साबित हुए। इस प्रकार सत्यमूर्ति के शानदार संसदीय जीवन का अंतिम तथा अत्यधिक स्मरणीय चरण प्रारंभ हुआ।

अपने एक लेख में स्वयं सत्यमूर्ति ने सेंट्रल असेंबली के दृश्य का वर्णन इस प्रकार कियाः "पोशाकी अभिव्यंजना का चाहे वैसे महत्व न हो किंतु असेंबली में प्रायः हमेशा ही करीब 44 सदस्यों को गांधी टोपी पहने हुए देखना आश्चर्यजनक लगता था, वही गांधी टोपी जिसे पहनने पर लोगों पर मुकदमा चलाया जाता था और उन्हें सजा सुनाई जाती थी, यहां तक कि कई बार पीटा भी जाता था। विशेषकर वाइसराय के लिए यह अच्छा था कि जब वे हमें संबोधित करने उठे तो उन्हें 44 गांधी टोपियां दिखाई पड़ीं।"

सेंट्रल असेंबली में भूलाभाई देसाई कांग्रेस पार्टी के नेता चुने गए। सत्यमूर्ति को पहले सचिव चुना गया और बाद में उप-नेता। असेंबली अब तक मात्र कठपुतली ही थी। किंतु सत्यमूर्ति द्वारा असेंबली की कार्यवाही पर अपना प्रभुत्व कायम करने के बाद जैसे रणभूमि बन गई। अनुभवी पत्रकार और भारत सरकार के तत्कालीन सूचना अधिकारी ए.एस. आयंगार ने सत्यमूर्ति के प्रश्नों को नौकरशाही के लिए निराशा और सरकारी सदस्यों के लिए आतंक बताया था।

बुद्धिकौशल की होड़

सत्यमूर्ति द्वारा चलाया गया पहला तीर था महात्मा गांधी की गतिविधियों से संबंधित गोपनीय परिपत्र के बारे में स्थगन प्रस्ताव।

इसमें संदेह व्यक्त किया गया था कि यह सविनय अवज्ञा आंदोलन का ही एक रूप है। सत्यमूर्ति ने परिपत्र की घटिया अंगरेजी और खराब शैली की खिल्ली उड़ाई। सरकारी पक्ष के सदस्य हतप्रभ रह गए।

सत्यमूर्ति ने एक बार 'दमनकारी कानूनों' को रद्द करने से संबंधित विधेयक पर लगातार आठ घंटे बोलकर सेंट्रल असेंबली में इतिहास रचा। चर्चा के दौरान विधि सदस्य सर एन.एन. सरकार ने कहा कि उन्हें संदेह है कि सत्यमूर्ति वोट बटोरने के लिए यह तमाशा कर रहे हैं। सत्यमूर्ति ने तपाक से जवाब दिया, "लोकतंत्र में हम वोट पकड़ने में विश्वास रखते हैं गवर्नरों या वाइसरायों की पूंछ पकड़ने में नहीं।"

दि हिंदू अखबार में छपे अपने एक लेख में बी. शिव राव ने कहा, "भारत में संसदीय जीवन के 36 साल के अपने अनुभव में मुझे और कोई नेता याद नहीं आता जिसने 30 मिनट में अपने पक्ष को इतने विश्वसनीय और जोरदार ढंग से रखा हो जिसमें न तो किसी महत्वपूर्ण तथ्य को छोड़ा गया और न ही सुबोधता व अभिव्यक्ति की ओजस्विता की उपेक्षा की गई।"

एक महत्वपूर्ण प्रस्ताव पर सत्यमूर्ति के भाषणों की सराहना करते हुए एक ब्रिटिश अधिकारी ने कहा, "इस व्यक्ति को हाउस ऑफ कॉमन्स में होना चाहिए था।"

संविधान संशोधन प्रस्तावों का ज़िक करते हुए सेक्रेटरी आफ स्टेट ने एक बार ब्रिटिश संसद में कहा, "भले ही कुत्ते भौंकते रहें, ब्रिटिश काफिला आगे बढ़ता रहेगा।" असेंबली में सत्यमूर्ति ने इसका उत्तर दिया, ..."सदन के इस पक्ष के हम लोग इस बात के लिए कृतसंकल्प हैं कि इंडियन नेशनल कांग्रेस का काफिला अपनी मंजिल पर पूरी तरह पहुंच सके फिर चाहे कुत्ते अंगरेज या दूसरे जो भी हो, भौंकते रहें।"

उदारता

सन् 1937 में गवर्नमेंट ऑफ इंडिया एक्ट, 1935 के तहत कांग्रेस देश भर में प्रांतीय असेंबलियों के चुनाव लड़ने की तैयारी कर रही

थी। सत्यमूर्ति ने अब तक वैधानिक कार्यक्रम के लिए काम किया था। वे सेंट्रल असेंबली छोड़कर वापस चेन्नई जाकर नई लेजिस्लेटिव कांउसिल का नेतृत्व संभालना चाहते थे। उनके लिए विश्वविद्यालयीन स्नातक चुनावी क्षेत्र से चुनाव जीतना बहुत आसान होता। संसदीय समिति ने भी उनकी उम्मीदवारी को अपनी मंजूरी दे दी।

परंतु परिस्थितियों ने दूसरा ही मोड़ ले लिया। सी. राजगोपालाचारी, जो राजनीति छोड़ चुके थे फिर राजनीति में लौट आए। इस स्थिति के पीछे बहुत दिलचस्प किस्सा है।

उस समय नेता पद को लेकर यह सवाल उठा कि ऐसा नेता कौन हो सकता था जिसे सभी लोगों का आदर प्राप्त हो। सवाल केवल असेंबली में पार्टी का नेतृत्व करने का होता तो सत्यमूर्ति सहज रूप से स्वीकार्य थे। परंतु उसके साथ भाषाई, क्षेत्रीय तथा अन्य सवाल भी जुड़े थे। महत्व इस बात का था कि कांग्रेस की एकता बनाए रखने के लिए पार्टी का नेता सर्वसम्मति से चुना जाए।

इसलिए नेकनीयत वाले साथी किसी नेता की तलाश में थे। उनके विचार में राजाजी पद के लिए आदर्श व्यक्ति थे। *दि हिंदू* अखबार के प्रबंध संपादक के. श्रीनिवासन ने इस बारे में राजाजी से बात की। राजाजी किसी सामान्य चुनाव क्षेत्र में जाकर प्रचार कार्य करने को तैयार नहीं थे। केवल यूनिवर्सिटी चुनाव क्षेत्र ही ऐसा था जहां से वे लगभग सर्वसम्मति से चुने जा सकते थे। राजाजी ने कहा कि यदि सत्यमूर्ति अपना चुनाव क्षेत्र उनके लिए छोड़ने को तैयार हो तो वे चुनाव लड़ेगें।

जब श्रीनिवासन ने सत्यमूर्ति से बात की तो वे हैरान रह गए। परंतु पार्टी के नेतृत्व के लिए जब उन्हें राजाजी के नाम की जानकारी दी गई तो उन्होंने स्वेच्छा से अपना चुनाव क्षेत्र छोड़ दिया। यह सत्यमूर्ति के जीवन में श्रेष्ठ अवसर था जब पार्टी के हित में उन्होंने व्यक्तिगत हितों की तिलांजलि दे दी! गांधीजी ने कहा, "तुम चमत्कारी कार्यकर्ता हो; तुमने वह कर दिखाया है जो हम नहीं कर सके। मुझे आश्चर्य है कि तुमने सीट कैसे छोड़ दी।"

परंतु जब राजाजी ने सरकार बनाई तो आशा के प्रतिकूल उन्होंने न तो सत्यमूर्ति को मंत्रिमंडल में लिया और न ही इसके गठन के लिए उनसे सलाह मशवरा किया।

सत्यमूर्ति नाराज नहीं हुए। वे केंद्रीय असेंबली में अपने संसदीय कार्य में व्यस्त हो गए। उन्हें मद्रास विश्वविद्यालय के वाइस चांसलर के पद की पेशकश की गई, जिसे उन्होंने अस्वीकार कर दिया।

जैसा कि ए.एस. आयंगार ने लिखा, "सत्यमूर्ति अपने हित को भुला देने के इस अद्वितीय कार्य से जितने ऊंचे उठे उतने पहले कभी नहीं उठ पाए। उन्होंने अपने उन निंदकों और आलोचकों को झूठा सिद्ध कर दिया जो सोचते थे कि सत्यमूर्ति पदलोलुप है। वे कांग्रेस या नौकरशाही के अधीन" किसी पद पर एक मिनट के लिए भी नहीं रहे, हालांकि अन्य कई लोगों ने पद लिए और उनका फायदा उठाया।"

सार्वजनिक जीवन में अति व्यस्त रहने के कारण सत्यमूर्ति के पास अपने स्वास्थ्य या अपने परिवार–अपनी पत्नी तथा बेटी की देखभाल के लिए समय ही नहीं होता था। गांधीजी के व्यक्तिगत सविनय अवज्ञा आंदोलन के सिलसिले में 13 दिसंबर 1940 को उन्हें 9 महीने की कैद की सजा हुई। स्वास्थ्य बिगड़ जाने के कारण उन्हें वेल्लोर जेल से मद्रास जनरल हॉस्पिटल भेजा गया। सत्यमूर्ति के परिवार को उनकी देखरेख की इजाजत मिल गई। घर वाले दिन में दो बार अस्पताल जाते थे और उनकी देखभाल में मदद करते थे।

सत्यमूर्ति को 23 अगस्त 1941 को रिहा किया गया। परंतु उनका स्वास्थ्य असंतोषजनक ही बना रहा। डॉ. बी.सी. राय ने उनकी जांच की और उनके दिल की कमजोर हालत को देखते हुए उन्हें लंबे विश्राम की सलाह दी। परंतु सत्यमूर्ति का विचार था कि दवाओं की अपेक्षा वे अपने सार्वजनिक जीवन की वजह से ही सक्रिय रहे हैं। अतः वे पहले की ही भांति सक्रिय बने रहे।

वे बीमार चल रहे थे तभी उन्हें अपनी बेटी के लिए अच्छा वर मिल गया। उन्होंने विवाह की तारीख भी तय कर दी। उन्हें लगा कि उनका अंत करीब है तो भी उन्होंने अपने साथियों से कहा कि

विवाह की तारीख आगे न बढाएं और न ही रद्द करें। विवाह निर्धारित तारीख को ही हुआ।

लक्ष्मी के नाम पत्र

सन् 1941 में मद्रास जनरल हॉस्पिटल में इलाज कराते हुए सत्यमूर्ति को लगा कि उन्होंने अपने बेटी की तरफ कोई ध्यान नहीं दिया। अपने घर में वे अच्छे पति और अपनी इकलौती बेटी के लिए स्नेही पिता थे। कहा जाता है कि जब वे काम पर जाते थे तो हमेशा अच्छी पोशाक पहनकर निकलते थे। घर से निकलने से पहले वे प्रायः लक्ष्मी से पूछा करते थे कि वे कैसे लग रहे हैं। हालांकि वह बहुत छोटी थी फिर भी वे बहुत-सी बातों में उससे सलाह करते थे और उसकी राय मांगते थे।

सन् 1941 में लक्ष्मी 16 वर्ष पूरे कर रही थी। पिछले वर्षों में हुई उपेक्षा तथा पिता और पुत्री में संपर्क की कमी की भरपाई करने के इरादे से सत्यमूर्ति अस्पताल से प्रतिदिन उसे एक पत्र लिखा करते थे। कुल मिलाकर इन 68 पत्रों में हित की सलाह दी गई थी। इन पत्रों को लिखने का उद्देश्य लक्ष्मी या यों कहें सभी बच्चों को शिक्षा और प्रेरणा देना था। ये सभी पत्र *एट द थ्रेशहोल्ड ऑफ लाइफ* शीर्षक से एक पुस्तक के रूप में प्रकाशित हुए हैं।

इन पत्रों में कला, सार्वजनिक भाषण, महिला शिक्षा आदि अनेक विषयों का समावेश हुआ है। एक पत्र में सत्यमूर्ति ने लिखा कि सभी लड़कियों को साहित्य की उच्चतम शिक्षा ग्रहण करनी चाहिए। उन्होंने लक्ष्मी को हिन्दी, तमिल, संस्कृत और अंगरेजी सीखने की सलाह दी। "मैं चाहता हूं कि तुम इन सभी या कम से कम कुछ भाषाओं तथा उनके साहित्य की विदुषी बनो।" उन्होंने लिखा, "मैं यह भी चाहता हूं कि तुम अंतरराष्ट्रीय मामलों को समझने के लिए इतिहास और भूगोल का अध्ययन करो। तुम्हें सामान्य-विज्ञान का इतना ज्ञान होना चाहिए कि तुम अपने आस-पास की वस्तुओं को सही ढंग से जान सको। तुम्हें

अपने देश के इतिहास भूगोल और राजनीति की पर्याप्त जानकारी होनी चाहिए। तुम्हें संगीत या चित्रकला जैसी ललितकलाओं में से कम से कम एक का अवश्य ज्ञान होना चाहिए..!!

एक अन्य पत्र में उन्होंने संस्कृत की एक कविता को उद्धृत किया जिसका अर्थ है, "काव्य, संगीत और कला से रहित मनुष्य पूंछ व सींग विहीन पशु के समान है।" चित्रकला और मूर्तिकला की चर्चा करते हुए उन्होंने लिखा, "इनसे दिव्य सत्ता की हमारी ईश्वरीय अवधारणा साकार होती है।"

भाषण-कला में विलक्षणता के कारण सत्यमूर्ति ने अपने निजी अनुभवों का उदाहरण देते हुए कई महत्वपूर्ण बिंदु बताए तथा दिशा निर्देश दिए। उन्होंने कहा कि तुम्हें श्रोताओं की नब्ज पकड़नी चाहिए—श्रोताओं में उकताहट पैदा होने से काफी पहले ही बोलना बंद कर देना चाहिए।

"सार्वजनिक भाषण देना हो तो अपना भाषण पहले से तैयार करो। कभी अचानक बोलना पड़े तो अलग बात है अन्यथा मैं हमेशा अपना भाषण पहले से तैयार करता हूं। जनता तुम्हारा भाषण सुनकर तुम्हें गौरव प्रदान करती है तो तुम्हें भी उनका सम्मान करते हुए अपना भाषण बड़ी सावधानी से तैयार करना चाहिए।" उन्होंने भाषण देते समय आवाज के सही उतार-चढ़ाव की महत्ता पर अधिक जोर दिया।

8 अगस्त, 1942 को कांग्रेस ने मुंबई में प्रसिद्ध 'भारत छोड़ो' प्रस्ताव पारित किया। इसके तुरंत बाद गांधीजी सहित सभी नेता गिरफ्तार कर लिए गए। सत्यमूर्ति 10 अगस्त को मुंबई से चेन्नई रवाना हुए। उनके रवाना होने से पहले गांधीजी के चिकित्सक डॉक्टर गिल्डर ने उनके स्वास्थ्य की जांच की और उन्हें काम करने की दृष्टि से अस्वस्थ बतलाया।

11 अगस्त, 1942 को सत्यमूर्ति को अर्कोणम में गिरफ्तार करके वेल्लोर जेल ले जाया गया। वहां से उन्हें अमरावती (अब महाराष्ट्र में) जेल भेज दिया गया। उनकी तबियत बिगड़ गई तो उन्हें वापस चेन्नई भेजा गया और 10 जनवरी, 1943 को जनरल हॉस्पिटल में दाखिल

किया गया। किंचित सुधार होने के बावजूद उनके स्वास्थ्य में कई जटिलताएं उत्पन्न हो गईं। 28 मार्च, 1943 को सत्यमूर्ति का स्वर्गवास हो गया।

राजाजी ने कहा, "एक अविराम जीवन को विराम मिल गया।"

विविध रुचियां

यद्यपि सत्यमूर्ति का अधिकांश समय और शक्ति राजनीति में लगी तथापि उनकी रूचि विविध विषयों में थी। उन्होंने चित्रकला से शिक्षा तक के अनेक क्षेत्रों में विशिष्टता हासिल की। उन्होंने जो भी काम हाथ में लिया उसे कुशलता के साथ निभाया।

जैसा कि पहले उल्लेख हो चुका है, शिक्षा के क्षेत्र में वे अनेक वर्ष तक मद्रास विश्वविद्यालय की सीनेट के निर्वाचित सदस्य रहे। अन्नामलाई विश्वविद्यालय की स्थापना में भी उनकी अग्रणी भूमिका थी और उसके संचालन में भी वे सक्रिय रूचि लेते रहे।

कलाओं, विशेषकर संगीत के प्रेमी होने के नाते उन्होंने संगीतकारों को प्रोत्साहन और संरक्षण दिया। वे संगीत अकादमी, चेन्नई के संस्थापक सदस्यों में से थे। वे अपने घर पर नियमित रूप से वर्ष में दो-तीन बार प्रमुख संगीतकारों के संगीत कार्यक्रम आयोजित किया करते थे।

सत्यमूर्ति को नाटकों का भी शौक था। उन्होंने चेन्नई के सर्वाधिक प्राचीन सांस्कृतिक संगठन सुगुण विलास सभा द्वारा मंचित अनेक नाटकों में अभिनय भी किया।

भाषाओं में उन्हें सबसे अधिक प्रिय संस्कृत भाषा थी। बचपन में अपने पिता की शिक्षा के कारण वे संस्कृत बोल भी लेते थे। चेन्नई में वे संस्कृत अकादमी के कर्णधारों में से एक बने। संस्कृत के बाद तमिल उन्हें प्रिय थी। वे बहुत सरल सीधी-सादी भाषा का इस्तेमाल करते थे। अंगरेजी पर भी उन्हें समान रूप से अधिकार प्राप्त था। उन्होंने स्कूल स्तर पर शिक्षा का माध्यम मातृभाषा को बनाने तथा

अंगरेजी को वैकल्पिक विषय के रूप में रखने का समर्थन किया।

नागरिक एवं नगरपालिका से संबंधित मामलों में भी सत्यमूर्ति गहरी रूचि लेते थे। सन् 1939 में वे चेन्नई के मेयर चुने गए। उन्होंने नगर को स्वच्छ एवं हरा-भरा बनाए रखने में पर्याप्त रूचि ली।

राजनीति के अलावा अनेक अन्य सार्वजनिक मामलों में भी उनकी दिलचस्पी विविधतापूर्ण थी। उन्होंने किसानों, जमींदारों, अराजपत्रित अधिकारियों, मजदूरों तथा छात्रों के हितों के लिए भी काम किया।

सत्यमूर्ति अत्यंत धार्मिक व्यक्ति थे। वे बहुत सवेरे उठकर स्नान करने के बाद ही काम शुरू करते थे। वे प्रतिदिन पूजा करते थे और काम पर जाने से पहले रामायण के कुछ श्लोकों का पाठ करते थे।

वे कांची तथा श्रृंगेरी के जगद्गुरू शंकराचार्यों के परम भक्त थे। वे अक्सर उनके दर्शन के लिए जाया करते थे और उनके साथ विभिन्न समस्याओं पर विचार-विमर्श करते थे।

हिंदू धर्म के प्रति अपनी आस्था और सिद्धांत का सार व्यक्त करते हुए वे कहते थे–"सत्य कर्म करो, अच्छे बनो।" उसी का उन्होंने अपने जीवन में अनुसरण भी किया। उनका कहना था–"मेरा यह दृढ़ विश्वास है कि यदि हम अच्छा जीवन जिएं, अपनी इंद्रियों पर संयम रखें, दूसरों की भलाई करें और उन्हें हानि न पहुंचाएं तो देर सवेर हमें मोक्ष ही प्राप्त होगा।"

“यह देश आज से 20, 30 या 40 साल बाद जब स्वतंत्र हो जाएगा और हमारे बच्चे और बच्चों के बच्चे उन दिनों की चर्चा करेंगे जब हम इंग्लैंड के गुलाम थे तो वे अपने आपसे पूछेंगे कि उनके बाप-दादा ने उन दिनों क्या किया था? भगवान के लिए उनके वास्ते ऐसी विरासत छोड़कर जाओ कि वे यह कह सकें ‘हमारे बाप-दादा ने भारत की आजादी के लिए अहिंसक संघर्ष किया; उनके लिए ऐसी घिनौनी विरासत छोड़कर मत जाना कि वे कहें कि हमारे बाप-दादा ने इस घृणित (क्रिमिनल लॉ अमेंडमेंट) बिल के पक्ष में मत दिया।”

एस. सत्यमूर्ति

बी.आर. अंबेडकर

अनिल एकबोटे

"मैं ऐसे संविधान के लिए संघर्ष करूंगा जो भारत को दासता और संरक्षण से मुक्त करेगा...मैं ऐसे भारत के लिए काम करूंगा जिसमें निर्धन से निर्धन लोग यह महसूस करेंगे कि यह देश उनका है, जिसके निर्माण में उनकी आवाज मायने रखती है। ऐसे भारत के लिए काम करूंगा जिसमें लोगों के उच्च या निम्न वर्ग नहीं होंगे, जहां सभी समुदाय परस्पर सौहार्द के साथ रहेंगे। ऐसे भारत में अस्पृश्यता अथवा मादक पेयों व पदार्थों के अभिशाप के लिए कोई स्थान नहीं हो सकता। महिलाओं को पुरुषों के समान अधिकार प्राप्त होंगे...उन हितों की उपेक्षा की जाएगी जो लाखों बेजुबान लोगों के हितों से टकराएंगे।"

महात्मा गांधी

बी.आर. अंबेडकर

सदियों से भारत के हिंदुओं में दलित जातियों के लोग उपेक्षा और घृणा का शिकार होते रहे हैं। समाज से बहिष्कृत ये लोग सवर्ण हिंदुओं द्वारा न केवल तिरस्कृत और तुच्छ समझे जाते रहे बल्कि उनके द्वारा अपमानित भी होते रहे। सवर्ण हिंदुओं द्वारा उन्हें 'अछूत' समझा जाता रहा।

सवर्ण हिंदू इन 'दलित' लोगों को अपनी बस्ती में नहीं रहने देते थे और गांवों के अपने कुओं व तालाबों का पानी तक नहीं छूने देते थे। 'दलितों' के लिए मंदिर में प्रवेश वर्जित था और उन्हें पढ़ाई-लिखाई और शिक्षा से वंचित किया जाता था। अच्छी नौकरियां तथा व्यापार उनके लिए थे ही नहीं। वे गलियां साफ करने, जूते गांठने, टोकरियां बुनने या मरे हुए जानवरों की खाल उतारने जैसे काम ही कर सकते थे। उनमें से कुछ भाग्यशाली लोगों को खेतों या जमींदारों के घरों में बंधुआ मजदूर के रूप में चाकरी करने या गांवों के दफ्तरों में नौकर की हैसियत से काम करने का मौका मिल जाता था। यही नहीं, उनके उठने-बैठने खाने के नियम थे। यह निर्धारित था कि उनके बर्तन और जेवर किन धातुओं से बनाए जाने चाहिए।

इस तरह सैकड़ों वर्षों तक 'दलित' लोग गरीबी, निरक्षरता, कमरतोड़, मेहनत और बखान न की जा सकने वाली तकलीफों से भरी जिंदगी जीते रहे।

महाराष्ट्र के ऐसे ही एक मराठी भाषी 'दलित' 'महार' परिवार में डाक्टर भीमराव अंबेडकर का जन्म हुआ जिन्हें सन् 1990 में देश ने

गर्व अनुभव करते हुए कृतज्ञतापूर्वक सर्वोच्च सम्मान 'भारत-रत्न' से विभूषित किया।

बाल्यावस्था

शिशु भीम का जन्म 14 अप्रैल 1891 को मध्यभारत के महू नामक स्थान पर हुआ। वे रामजी भीमाबाई सकपाल की 14वीं संतान थे। उन्हें स्नेह से सभी भीमा कहकर पुकारते थे और कॉलेज की पढ़ाई पूरी होने के बाद ही भीमराव कहलाए। उनके दादा मालोजी की भांति उनके पिता रामजी सकपाल भी अंगरेज सरकार की सेना में नौकरी करते थे।

उन दिनों अंगरेज सरकार ने सेना में काम करने वालों के लिए शिक्षा प्राप्त करना अनिवार्य बना दिया था। सरकार ने उनकी औरतों व बच्चों के लिए भी स्कूल खोले। मालोजी और रामजी, महार जाति के उन इने गिने सौभाग्यशाली लोगों में से थे जिन्हें शिक्षा का लाभ मिला।

जब भीम दो साल के ही थे, उनके पिता सेना से सेवानिवृत्त हो गए। रामजी ने 14 वर्ष तक मिलिटरी स्कूल के हेडमास्टर के रूप में काम किया था और सेवानिवृत्ति के समय वे सेकंड ग्रिनेडियर्स में 'सूबेदार मेजर' थे। अब उनका परिवार पश्चिमी घाट के तटवर्ती क्षेत्र कोंकण में दपोली नामक स्थान पर आ गया। पांच वर्ष की उम्र में भीम दपोली में स्कूल में भरती हो गए लेकिन जल्दी ही रामजी को सतारा में नौकरी मिल गई और वे परिवार सहित सतारा जाकर रहने लगे। वहां भीम और उनके बड़े भाई आनंद ने छावनी के गवर्नमेंट हाईस्कूल में दाखिला ले लिया।

भीम जब छह वर्ष के थे तो उनकी मां भीमाबाई चल बसीं। तब रामजी की बहन मीराबाई ने परिवार की देखभाल करनी शुरू की। मीराबाई नाटी और कुबड़ी परंतु अच्छे स्वभाव की महिला थीं। रामजी और भीमाबाई के 14 बच्चों में से केवल तीन लड़के और दो

लड़कियां ही जीवित बची थीं। लड़कियों के विवाह हो गए थे और वे अपने-अपने पति के साथ रहती थीं। इसलिए पांचों में सबसे छोटा होने के कारण भीम को सभी चाहते थे।

रामजी सकपाल अनुशासन के बहुत पक्के थे। वे सादा और धार्मिक जीवन बिताते थे। उन्होंने न कभी मांस खाया और न कभी शराब को छुआ, जबकि 'दलितों' में ये दोनों चीजें आम थीं। रामजी चाहते थे कि उनके बच्चों की पढ़ाई-लिखाई में रूचि हो और वे सच्चरित्र बनें। प्रभातबेला में वे बच्चों से भजन गवाया करते थे और उन्हें रामायण तथा महाभारत की कहानियां सुनाया करते थे। उन्होंने अपने बच्चों को संत नामदेव, तुकाराम, मोरोपंत तथा मुक्तेश्वर द्वारा रचित कविताएं और गीत याद करवाए। प्रतिदिन शाम को रामजी तथा उनके बच्चे मिलकर भजन गाते। दैनिक धार्मिक कृत्य से तो भीम के मन और आत्मा पर अच्छा प्रभाव पड़ा ही साथ ही इससे उन्हें शुद्ध मराठी भाषा का अच्छा ज्ञान भी हो गया।

रामजी सकपाल ज्योतिबा फुले के मित्र और प्रशंसक थे। जो कि 'दलितों' में शिक्षा का प्रचार करने तथा ऊंची जातियों के हिंदुओं में उन्हें सामाजिक स्वीकृति दिलाने की दिशा में काम कर रहे थे। रामजी ज्योतिबा से बहुत प्रभावित थे अतः वे 'दलित' भाइयों की सहायता का कोई भी अवसर हाथ से नहीं जाने देते थे और इस प्रकार उन्होंने अपने बच्चों के सामने अच्छा उदाहरण प्रस्तुत किया।

'अछूत'

रामजी सकपाल ने एक विधवा जीजाबाई से पुनर्विवाह किया और उसे घर ले गए। परंतु बालक भीम के मन में अपनी सौतेली मां के लिए स्नेह न पनप सका। जब सौतेली मां उनकी मां की साड़ियां और जेवर पहनती तो भीम को और भी बुरा लगता।

इधर 'अछूत' माने जाने की कड़वी सच्चाई भी भीम के सामने आने लगी। वे यह पहले ही देख चुके थे कि दुकानदार उनकी माता को

सामान की पुड़ियां और पैकेट हाथ में देने के बजाय ऊपर से डाला करते थे ताकि वे उनसे छू न जाएं।

स्कूल में भीम को कक्षा के एक कोने में जमीन पर बिठाया जाता था। उन्हें बैठने के लिए हर रोज एक टाट का टुकड़ा अपने साथ स्कूल ले जाना पड़ता था। अध्यापक उनकी कॉपियों को हाथ नहीं लगाते थे। कुछ अध्यापक तो उनसे प्रश्न पूछने या पाठ पढ़ने को कहने से भी परहेज करते थे। स्कूल में प्यास लगने पर वे पानी तभी पी पाते थे जब कोई ऊपर से उनके मुंह में पानी डालने को राजी हो जाता।

गरमियों के मौसम में एक दिन भीम और आनंद अपने छोटे-से भतीजे के साथ रेलगाड़ी से गोरेगांव के लिए रवाना हुए। यहां उनके पिता खजांची के रूप में नौकरी करते थे। रामजी को यह संदेशा नहीं मिल पाया कि उनके बच्चे उनके पास आ रहे हैं, इसलिए स्टेशन पर बच्चों को लेने कोई नहीं पहुंचा। काफी देर इंतजार करने के बाद वे गोरेगांव जाने के लिए बैलगाड़ी में बैठ गए। कुछ देर चलते ही गाड़ीवान को पता चल गया कि साफ-सुथरे कपड़े पहने ये बच्चे 'दलित' हैं। गुस्से में आकर उसने बच्चों को गाड़ी से तत्काल उतार दिया। काफी फुसलाने और प्रलोभन देने के बाद दो गुने किराए के आश्वासन के बाद वह उन्हें इस शर्त पर ले जाने को राजी हुआ कि गाड़ी आनंद हांकेगा, बच्चे उसमें बैठेंगे तथा गाड़ीवान पैदल पीछे-पीछे चलेगा। इस प्रकार बच्चे रात को गोरेगांव पहुंच पाए। रास्ते में उन्हें पीने के लिए कहीं पानी नहीं मिला। लोग या तो उन्हें पानी देने से साफ मना कर देते या उन्हें सड़क के किनारे गड्ढा अथवा पोखरों से पानी पीने की सलाह देते। इस घटना से भीम को पता चला कि 'अछूत' कहे जाने का क्या मतलब है।

आगे एक और घटना घटी आघात पहुंचाने वाली इस घटना की अमिट छाप उनके मन पर पड़ी। एक बार प्यास पर काबू न रख पाने के कारण भीम चोरी-छिपे एक सार्वजनिक तालाब से पानी पीने लगे। किंतु सवर्ण हिंदुओं ने उन्हें पानी पीते देख लिया और उनकी खूब पिटाई की।

भीम को एक और अपमानजनक और शर्मनाक अनुभव होना शुरू हुआ। गांव के नाई को भैंस के बाल काटने में तो कोई एतराज नहीं था परंतु भीम के बाल छूने में उसे भ्रष्ट होने का डर था। अतः भीम की बहन सिर के बाल मूंड़ने में उनकी मदद करती थी। सिर पर बालों का केवल गोल गुच्छा और एक छोटी-सी चुटिया होती थी।

छोटी उम्र में ही भीम ने यह महसूस कर लिया था कि इस तरह अपमानजनक व्यवहार का शिकार होने वाले वे अकेले नहीं थे, बल्कि 'अछूत' कहलाने वाली जातियों के सभी लोग थे जो सदियों से यह अपमान सहन कर रहे थे।

शिक्षा

भीम ने अपना उपनाम 'अंबेडकर' सतारा में अध्ययन के दिनों में अपनाया। भीम के पूर्वज कोंकण क्षेत्र के अंबावाड़ी नामक स्थान के रहने वाले थे। मराठी भाषी हिंदुओं में प्रचलित प्रथा के अनुसार वास्तविक उपनाम सकपाल के साथ-साथ भीम का एक और उपनाम अंबावाडेकर भी था। भीम के अध्यापक अंबेडकर को लगा कि अम्बावाडेकर उपनाम कुछ लंबा और बेढंगा है। उन्होंने इसे सरल और छोटा बनाकर अंबेडकर के रूप में स्कूल के रिकार्ड में लिखा दिया। अध्यापक अंबेडकर तथा एक अन्य अध्यापक पेंडसे ही पूरे स्कूल में ऐसे थे जिनके मन में भीम के प्रति दया और स्नेह की भावना थी। यही कारण है कि भीमराव अंबेडकर ने जीवन भर उन्हें कृतज्ञतापूर्वक याद रखा।

पढ़ाई-लिखाई में भीम औसत दर्जे के थे। इसका मुख्य कारण यह था कि पढ़ाई में वे पूरा ध्यान नहीं देते थे। उन्हें बागवानी का बड़ा शौक था और उन्हें जब भी मौका मिलता वे पौध खरीद लाते। वे बड़ी लगन से उनकी देखभाल करते और उन्हें बढ़ते हुए देखकर खुश होते।

सतारा में पढ़ाई के दौरान हुई एक घटना ने अध्ययन के बारे में अंबेडकर का दृष्टिकोण बदल दिया। भीम को पता चला कि सतारा के जो लड़के मुंबई गए थे, उन्हें मिलों में नौकरी मिल गई है और वे अच्छी

तरह कमा खा रहे हैं। भीम के मन में भी अच्छी नौकरी पाने और आत्मनिर्भर होने की इच्छा जागी। उन्होंने मुंबई भाग जाने का फैसला किया। परंतु मुंबई जाने के लिए किराया कहां से आता? उनकी बुआ मीराबाई पैसों की थैली अपनी कमर में बांधे रखती थीं। भीम ने वह थैली चुराकर घर से भाग जाने का विचार बनाया। रूपए चुराने की कोशिश में उन्होंने तीन रातें बेचैनी और तनाव में जागकर गुजारीं। चौथी रात वे कामयाब हो गए। परंतु उन्हें यह देखकर बड़ी निराशा हुई कि थैली में बहुत कम पैसे थे।

भीम को अपनी गलती का अहसास हुआ और उन्हें शार्मिंदगी महसूस हुई। उन्होंने भविष्य में कभी इस तरह का काम न करने ओर पढ़ाई में मेहनत करने का निश्चय किया।

चौथी कक्षा में नई भाषा सीखनी पड़ती थी। भीम संस्कृत पढ़ना चाहते थे। परंतु संस्कृत के अध्यापक ने कहा कि वे किसी 'दलित' को संस्कृत नहीं पढ़ा सकते। भीम को मन मसोसकर संस्कृत के बजाय फारसी पढ़नी पड़ी।

सतारा में रामजी की नौकरी की अवधि पूरी हो जाने पर उनका परिवार मुंबई चला गया। रामजी स्कूल में भीम की पढ़ाई के बारे में काफी चिंतित रहते थे। वे उनकी सामान्य प्रगति से संतुष्ट नहीं थे। भीम का कहना था, "मैं नियमित रूप से सारी परीक्षाएं उत्तीर्ण कर रहा हूं फिर पिताजी को मेरे पीछे पड़ने की क्या जरूरत है?" फिर भी चाहे किसी और रूप में ही सही, रामजी की दृढ़ता के अच्छे परिणाम सामने आने लगे।

भीम की पढ़ने में रुचि बढ़ गई। वे पाठ्य-पुस्तकों के अलावा सामान्य पुस्तकें भी पढ़ने लगे। उन्हें एक तरह से किताबों से प्यार हो गया। परंतु 'दलित' होने के कारण सहज रूप में पुस्तकें प्राप्त करना उनके लिए असंभव था। एकमात्र उपाय था किताबें खरीदना। भीम को अपनी पढ़ाई से अलग दूसरी पुस्तकें पढ़ते देखकर रामजी को अच्छा नहीं लगता था। परंतु जब भी भीम पुस्तकें खरीदने के लिए पैसे मांगते वे 'मना' नहीं करते। यदि उनके पास पैसे नहीं होते थे तो वे

अपनी किसी बेटी के पास जाकर कोई गहना मांग लाते और उसे गिरवी रखकर भी उनकी जरूरत की पुस्तकें खरीद देते थे।

मुंबई में वे परेल में डबाक चाल के एक छोटे से कमरे में रहते थे। कमरा घरेलू सामान से भरा रहता था। एक कोने में टांड़ के ऊपर ईंधन रखा रहता था, दूसरे कोने में चूल्हा था। खाना-सोना सब उसी कमरे में होता था। रात को उसी कमरे में एक बकरी को भी रखा जाता था।

रामजी ने आखिर एक उपाय ढूंढ़ निकाला ताकि भीम कमरे में बिना किसी रूकावट के अपनी पढ़ाई कर सके। सोते समय आधी रात तक बकरी भीम के पांव के समीप रहती और रामजी कमरे से बाहर जागते रहते। उसके बाद वे भीम को जगा देते। तब भीम कुछ घंटे पढ़ते और रामजी आराम करते।

एलफिंटन हाई स्कूल का माहौल जहां भीम दाखिल हुए उनकी पढ़ाई के अनुकूल नहीं था। हालांकि वह सरकारी स्कूल था परंतु जब भी भीम को ब्लैक बोर्ड पर सवाल हल करने के लिए बुलाया जाता था तो बच्चे शोर गुल मचाने लगते थे क्योंकि ब्लैक बोर्ड के पीछे उन बच्चों के खाने के डिब्बे रखे रहते थे और भीम के ब्लैक बोर्ड छूने से उन्हें खाना भ्रष्ट होने का डर था। एक अध्यापक भी भीम का अक्सर मजाक उड़ाते हुए कहा करता था कि एक महार स्कूल में पढ़ कर क्या करेगा।

भीम ये सभी अपमान चुपचाप सहते रहे। उन्होंने अपने भीतर उमड़ते क्रोध को दबाए रखा। उन्होंने अपनी पढ़ाई जारी रखी और सन् 1907 में मैट्रिक की परीक्षा उत्तीर्ण की।

किसी अछूत बालक का इतनी शिक्षा लेना अपने आप में बहुत बड़ी और अनोखी घटना थी। अतः महार जाति के लोगों ने एक सभा बुलाकर भीमराव का अभिनंदन किया।

इसके बाद रामजी ने 17 साल के भीमराव का नौ वर्ष की कन्या रमाबाई से विवाह कर दिया। यह शादी मुंबई की बायकुला नामक जगह में बाजार के एक खुले शेड में हुई।

विशद् ज्ञान

आगे पढ़ने के लिए भीमराव एलफिंस्टन कॉलेज में भर्ती हो गए। यहां भी महार होने के कारण भीम को कष्ट और अपमान झेलना पड़ा। अपने आस-पास 'दलितों' के साथ इसी तरह का व्यवहार होते देखकर उनका मन दुखी हो उठता था। कॉलेज की पढ़ाई के साथ-साथ भीमराव ने स्वाध्याय निरंतर जारी रखा। उन्होंने इंटर की पढ़ाई पूरी कर ली। रामजी के लिए भीमराव की आगे की पढ़ाई का खर्च उठाना मुश्किल हो गया। सौभाग्यवश बड़ौदा के महाराज सयाजी राव ने भीमराव को छात्रवृत्ति दी जिससे उन्होंने सन् 1912 में बी.ए. की परीक्षा उत्तीर्ण की।

2 फरवरी, 1913 को रामजी का निधन हो गया। भीमराव को इतना आगे तक ले जाने वाले पिता अब नहीं रहे। परिवार के भरण-पोषण की जिम्मेवारी भीमराव के कंधों पर आ गई।

एक बार फिर बड़ौदा के महाराज सयाजीराव ने भीमराव को सहारा दिया। सयाजीराव ने उच्च शिक्षा प्राप्त करने के लिए उन्हें अमेरिका भेजा। भीमराव की छात्रवृत्ति इस शर्त पर हुई कि इसके बदले भीमराव 10 वर्ष तक बड़ौदा रियासत में नौकरी करेंगे।

भीमराव जुलाई, 1913 में न्यूयॉर्क पहुंचे। वहां उन्होंने कड़ी मेहनत की और डिग्री की पढ़ाई के साथ-साथ अर्थशास्त्र, राजनीति शास्त्र एवं सामाजिक-विज्ञान, कानून, नैतिक-विज्ञान, मानव-शास्त्र जैसे विविध विषयों का अध्ययन करने की ठान ली। उन्होंने 'प्राचीन भारतीय वाणिज्य' विषय पर शोध-पत्र लिखा और सन् 1915 में एम.ए. की डिग्री हासिल की। साथ ही साथ उन्होंने एक और शोध-प्रबंध लिखा जिसका शीर्षक था, 'भारत के लिए राष्ट्रीय लाभांश: ऐतिहासिक एवं विश्लेषणात्मक अध्ययन' जिसे सन् 1916 में कोलंबिया विश्वविद्यालय ने स्वीकार कर लिया। आठ वर्ष बाद जब शोध प्रबंध प्रकाशित हुआ तो विश्वविद्यालय ने उसके आधार पर भीमराव को डॉक्टर ऑफ फिलॉसफी की उपाधि प्रदान करने का फैसला किया।

अमेरिका में भीमराव को पहली बार अपमानित न होने तथा 'अछूत' न समझे जाने का सुखद अनुभव हुआ। उन्हें वहीं महसूस हुआ कि दूसरों के समान समाज का सदस्य बनकर जीने का क्या अर्थ हैं। भीमराव को लगा कि महारों को अस्पृश्यता के कलंक से मुक्त होने के लिए शिक्षित होना होगा।

भीमराव अमेरिका से अर्थशास्त्र और राजनीति-शास्त्र के अध्ययन के लिए लंदन चले गए। परंतु अध्ययन पूरा होने से पहले ही बड़ौदा रियासत ने उनकी छात्रवृत्ति समाप्त कर दी। भीमराव को विवश होकर भारत लौटना पड़ा। परंतु उन्होंने संकल्प किया कि वे एक बार फिर वहां जाएंगे और अपनी पढ़ाई पूरी करेंगे।

अपने गहन अध्ययन के दौरान भी भीमराव ने पुस्तकें खरीदने और पढ़ने का सिलसिला बंद नहीं किया। बहुत थोड़ी छात्रवृत्ति होने के बावजूद उन्होंने मितव्ययी बने रहकर लगभग 2,000 पुस्तकें खरीद ली।

भीमराव भारत लौट आए और समझौते के मुताबिक नौकरी के लिए बड़ौदा गए। परंतु उच्च शिक्षा प्राप्त होने और महाराज के मिलिटरी सेक्रेटरी के पद पर आसीन होने पर भी जाति के एक 'दलित' महार की भला किसे परवाह थी।

भीमराव के अधीनस्थ कर्मचारी उनसे कुछ दूर खड़े होकर फाइलें और कागजात उन्हें फेंक कर दिया करते थे। पानी मांगने पर उन्हें कोई पानी देने को तैयार नहीं था। और तो और, उन्हें किसी ने रहने के लिए किराए पर मकान तक नहीं दिया। तंग आकर उन्होंने अपनी जाति बताए बगैर पारसी होस्टल में शरण ली। जब होस्टल वालों को मालूम हुआ कि भीमराव महार हैं तो उन्हें अभद्र व्यवहार करके निकाल दिया गया। यहां तक कि महाराजा का दीवान भी इस मामले में कुछ नहीं कर सका। भीमराव का दिल टूट गया और वे एक पेड़ के नीचे बैठकर फफक-फफककर रोने लगे। नवंबर 1917 में भीमराव मुंबई लौट आए। इसके कुछ ही दिन बाद उनकी सौतेली मां की मृत्यु हो गई।

धन जमा करके अपनी अधूरी पढ़ाई पूरी करने के लिए लंदन जाने के उद्देश्य से भीमराव साइडेनहेंम कॉलेज में प्राध्यापक के रूप में अंशकालिक नौकरी करने लगे। कॉलेज में उनके काम को काफी पसंद किया गया। फिर भी सवर्ण हिंदुओं का अपमानजनक व्यवहार जारी रहा। भीमराव के मन में अस्पृश्यता को नष्ट करने की इच्छा होने लगी।

उस समय कोल्हापुर के महाराजा शाहू महाराज दलित वर्ग के कल्याण में गहरी रूचि ले रहे थे। उन्होंने 'दलित' छात्रों के लिए मुफ्त शिक्षा, आवास तथा भोजन की व्यवस्था की। उन्होंने 'दलितों' को नौकरी पर भी रखा तथा हर तरह से उन्हें प्रोत्साहन दिया। भीमराव ने शाहू महाराज की सहायता से 31 जनवरी, 1920 को *मूकनायक* नाम का अखबार शुरू किया। इसका उद्देश्य हिंदुओं में जात-पांत को समाप्त करना तथा अस्पृश्यता का निवारण करना था। शाहू महाराज ने 'दलितों' की अनेक सभाएं कीं और सम्मेलन भी आयोजित किए और भीमराव ने लोगों को संबोधित किया। 21 मार्च, 1920 को भीमराव ने कोल्हापुर में इस तरह के एक सम्मेलन की अध्यक्षता की। सम्मेलन में शाहू महाराज ने 'दलितों' से कहा, "तुम्हें अंबेडकर के रूप में अपना उद्धारक मिल गया है। मुझे विश्वास है कि वह तुम्हारी बेड़ियां काट देगा।"

भीमराव ने सचमुच उन बंधनों को जो 'दलितों' को जकड़े हुए थे। काटना शुरू कर दिया था। परंतु दलितों के बीच भी कई मतमतांतर थे जो एक-दूसरे को अपने से दूर रखते थे। एक बार वे बहुत समझा-बुझा कर महार जाति की 18 उपजातियों के नेताओं को एक साथ भोजन करने पर राजी करने में कामयाब हो गए। तब भी 'दलितों' के सभी समुदायों को एकजुट करना उनके लिए संभव नहीं हो पा रहा था। अंबेडकर को बहुत कठिन काम पूरा करना था।

परंतु उनके सामने सबसे पहला काम था पढ़ाई पूरी करने के लिए लंदन जाना। आखिर पैसों का प्रबंध होने पर सितम्बर 1920 में वे लंदन गए, अपनी पढ़ाई पूरी की और भारत लौट आए।

अब भीमराव अंबेडर बैरिस्टर बन चुके थे। उनके पास लंदन से विज्ञान में डॉक्टरेट और अमेरिका से डॉक्टर ऑफ फिलॉसफी की उपाधि भी थी। इस तरह वे अस्पृश्यता के विरुद्ध संघर्ष के दौरान पेश आने वाली सब तरह की चुनौतियों का सामना करने में सक्षम थे।

कार्य का शुभारंभ

महार होने के कारण डॉक्टर भीमराव अंबेडकर को वकालत करते हुए भी कई तरह की परेशानियां झेलनी पड़ीं। इन सब दिक्कतों का हिम्मत के साथ मुकाबला करते हुए उन्होंने अस्पृश्यता निवारण का कार्य पूरी गंभीरता से शुरू किया। इस उद्देश्य के लिए उन्होंने जुलाई 1924 में *बहिष्कृत हितकारिणी सभा* की स्थापना की। इस संगठन का उद्देश्य था दलित जातियों के लोगों का उत्थान करना और उन्हें भारतीय समाज में राजनीतिक व सामाजिक दृष्टि से बराबरी का स्थान दिलाना। दलित वर्गों के उत्थान एवं कल्याण के लिए पहले से भी कुछ संस्थाएं और संगठन काम कर रहे थे। उन संगठनों का मकसद दलितों का उत्थान था परंतु डॉ. अंबेडकर की *बहिष्कृत हितकारिणी सभा* का मकसद हिंदू धर्म से छुआछूत की प्रथा का सफाया करना था। दो हजार वर्षों से भी अधिक समय से चली आ रही किसी प्रथा को उखाड़ फेंकना सचमुच बहुत कठिन कार्य था।

बहिष्कृत हितकारिणी सभा ने शिक्षा को पहली प्राथमिकता देते हुए बच्चों व बड़ों के लिए निःशुल्क स्कूल शुरू किए। उसने कई वाचनालय और पुस्तकालय स्थापित किए। डॉ. अंबेडकर दलितों की शिकायतें अदालत में ले गए और उन्होंने उन्हें न्याय दिलाया। जल्दी ही वे गरीबों और दलितों के पिता तुल्य हो गए। लोग उन्हें 'बाबा' और ज्यादा सम्मान देते हुए 'बाबासाहब' कहने लगे। डॉ. भीमराव अंबेडकर, डॉ. बाबासाहब अंबेडकर के रूप में विख्यात हो गए।

सन् 1929 में सरकार ने डॉ. अंबेडकर को दलित हितों का प्रतिनिधित्व करने हेतु मुंबई लेजिस्लेटिव कांउसिल के लिए मनोनीत किया।

इससे पहले सन् 1923 में सामाजिक कार्यकर्ता रावबहादुर सीताराम बोले के प्रयासों से मुंबई के लेजिस्लेटिव काउंसिल ने सभी धर्मों, जातियों और वर्गों के लिए सार्वजनिक स्थान खुले रखने का प्रस्ताव पारित किया था। तथापि यह प्रस्ताव लागू नहीं हुआ था। 'दलित' इतने विनम्र थे कि उन्होंने सार्वजनिक स्थानों का इस्तेमाल करने हेतु कभी दृढ़, रुख नहीं अपनाया। उदाहरण के लिए कुलाबा जिले के, महाड़ में मीठे पानी के तालाब 'चवदार ताले' से वे तब दूर ही रहे।

डॉ. अंबेडकर ने कुछ करने का निश्चय किया। 19-20 मार्च 1927 को महाड़ में दलितों का सम्मेलन बुलाया गया। उसमें करीब 10 हजार प्रतिनिधियों, कार्यकर्ता और नेता शामिल हुए। बाबासाहब ने अत्यंत मार्मिक भाषण दिया। फौज में 'दलितों' की भरती पर ब्रिटिश सरकार द्वारा पाबंदी लगा दिए जाने की चर्चा करते हुए उन्होंने कहा, "सेना से हमें सेना अधिकारी के रूप में अपना जीवन-स्तर बेहतर बनाने तथा अपनी योग्यता, प्रतिभा, साहस और कुशलता का परिचय देने के अच्छे अवसर मिलते थे। 'दलित' लोग मिलिटरी स्कूलों के हैडमास्टर भी बन सकते थे। सैनिक शिविरों में अनिवार्य प्राथमिक शिक्षा बहुत ही कारगर और लाभकारी थी। 'दलितों' के लिए सेना के दरवाजे बंद करके ब्रिटिश सरकार ने हमारे साथ धोखा और विश्वासघात किया है।"

सम्मेलन में उन्होंने साफ-साफ कहा, "जब तक हम अपना तीन तरह से शुद्धिकरण नहीं करते तब तक स्थायी प्रगति नहीं हो सकती। हमें अपना आचरण सुधारना होगा, अपने बोलचाल का तरीका बदलना होगा और विचारों में दृढ़ता लानी होगी। अतः मैं आपका आह्वान करता हूं कि इसी क्षण से मृत जानवरों का सड़ा-गला मांस खाना बंद करो। समय आ गया है कि हम अपने मन से ऊंच-नीच का विचार निकाल दें। दृढ़ संकल्प करो कि दूसरों की फेंकी हुई जूठन कभी नहीं खाओगे। हम आत्मोत्थान तभी कर पाएंगे जब हम अपनी सहायता खुद करेंगे और आत्मसम्मान तथा आत्मज्ञान फिर से प्राप्त करेंगे।"

सम्मेलन में चवदार ताले के पानी पर अपना अधिकार जताने का

फैसला किया गया। अगले दिन बाबा साहब अंबेडकर के नेतृत्व में प्रतिनिधियों ने तालाब पर जाकर पानी पिया। इस पर क्रोधित सवर्ण हिंदुओं ने उन पर हमला कर दिया। उन्होंने दलितों से मारपीट की, सम्मेलन का पंडाल गिरा दिया, पका हुआ खाना फेंक दिया और सारे बरतन तोड़ दिए। बाबा साहब ने अपने लोगों को शांत बने रहने और बदले में कुछ न करने की हिदायत दी।

बाद में सवर्ण हिंदुओं ने दूषित सरोवर को 'पवित्र' करने के लिए पूजा-पाठ किया। बाबा साहब ने इसे अन्य जातियों का अपमान माना। उन्होंने घोषणा की कि वे सत्याग्रह करेंगे तथा सरोवर के पानी पर अपने लोगों का अधिकार कायम करके रहेंगे।

तदनुसार 25 दिसंबर, 1927 को विभिन्न स्थानों से हजारों 'दलित' सत्याग्रह के लिए पहुंचे। अनेक वक्ताओं ने भाषण दिए। लोगों की भावनाएं भड़क उठीं तथा लोग सत्याग्रह की उत्सुकता से प्रतीक्षा करने लगे। परंतु सत्याग्रह टाल दिया गया, क्योंकि मामला अदालत में चला गया था। परंतु सम्मेलन के अंत में जाति-प्रथा को जन्म देने वाली सदियों पुरानी संहिता मनुस्मृति की एक प्रति जलाई गई। बाबासाहब ने गर्जना की कि इसके स्थान पर ऐसी नई *स्मृति* बननी चाहिए जिसमें सामाजिक दृष्टि से अन्यायपूर्ण नियम न हों। *मनुस्मृति* को जलाए जाने की घटना से सारा देश स्तब्ध रह गया। बाबासाहब एक प्रभावशाली शक्ति बन चुके थे।

बाबासाहब ने दलितों को सरोवर अथवा कुओं से पानी लेने और मंदिर में प्रवेश का अधिकार दिलाने का संघर्ष इसलिए किया क्योंकि यह इस बात का प्रतीक होगा कि दलित जाति के लोगों को सवर्ण हिंदुओं ने अंगीकार कर लिया है।

धारा के विरूद्ध

लेजिस्लेटिव कांउसिल में डॉ. अंबेडकर ने शिक्षा, मद्यनिषेध, कर व्यवस्था, महिला एवं बाल-कल्याण जैसे विषयों पर कड़ा रूख अपनाया।

परंतु सबसे अधिक चिंता उन्हें दलित वर्गों के उत्थान की थी।

सन् 1928 में उन्होंने महारों के रहन-सहन में क्रांतिकारी परिवर्तन लाने के लिए एक विधेयक पेश किया। उस समय के कानून के अनुसार सरकारी नौकरी कर रहे किसी महार को पूरे दिन और पूरी रात गुलामी करनी पड़ती थी। उसकी अनुपस्थिति में उसके परिवार के किसी सदस्य को उसका काम करना पड़ता था। इस कठिन सेवा के बदले महार को थोड़ी-सी जमीन, जिसे वतन कहा जाता था, थोड़ी सी मक्का और मामूली सा वेतन मिलता था।

इस विधेयक के माध्यम से बाबासाहब ने इस दासता को समाप्त करने का प्रयास किया। परंतु अन्य सदस्यों का सहयोग न मिलने के कारण यह विधेयक पारित नहीं हो सका। विधेयक पर बहस के दौरान बाबासाहब को कड़े विरोध का सामना करना पड़ा।

इस विषय पर ही नहीं, कई और मसलों पर भी बाबासाहब अकेले पड़ जाते थे, क्योंकि उनकी सोच आम लोगों की सोच के विपरीत थी। उदाहरण के लिए जब सन् 1929 में देश को आजादी देने के सवाल पर विचार के लिए ब्रिटिश सरकार ने साइमन कमीशन की नियुक्ति की तो इंडियन नेशनल कांग्रेस ने उसका बहिष्कार करने का फैसला किया। कमीशन के भारत आगमन पर उसे काले झंडे दिखाए गए और साइमन वापस जाओ" के नारे लगाए गए। इस बीच अनेक राजनीतिक दलों ने मिलकर मोतीलाल नेहरू की अध्यक्षता में एक समिति गठित कर ली थी। इस समिति ने स्वतंत्र भारत के लिए संविधान तैयार किया। संविधान निर्माण की दिशा में यह पहला भारतीय प्रयास था। दुखद बात यह थी कि इस संविधान में दलित वर्गों के प्रतिनिधित्व के लिए कोई प्रावधान नहीं था।

डॉ. बाबासाहब अंबेडकर को ऐसा संविधान स्वीकार नहीं था। उन्होंने साइमन कमीशन से सहयोग करने तथा दलितों के हितों की रक्षा का प्रयास करने का फैसला किया। इस फैसले के कारण उनकी घोर निंदा हुई और उन्हें अंगरेजों की कठपुतली कहा गया। यहां तक कि उन्हें 'देशद्रोही' कहा गया।

उस दौरान मुंबई में करीब एक लाख कपड़ा मजदूर हड़ताल पर थे और वह हड़ताल लगभग 6 महीने चली। डॉ. बाबासाहब अंबेडकर ने देखा कि गरीब 'दलित' मजदूरों की हालत बदतर होती जा रही थी। कपड़ा मिलों के 'दलित' कामगारों को बेहतर वेतन वाले कामों से दूर रखा जाता था। हड़ताल के आयोजक कम्युनिस्ट उनकी दशा सुधारने के लिए कुछ नहीं कर रहे थे। हड़ताल पूरी तरह से राजनीतिक दिखाई देती थी। डॉ. बाबासाहब अंबेडकर ने एक बार फिर सबसे अलग रूख अपनाने का फैसला किया। उन्होंने दलित मजदूरों को हड़ताल से अलग हो जाने की सलाह दी, क्योंकि इस हड़ताल के कामयाब हो जाने पर भी उन्हें कुछ हासिल नहीं होने वाला था। दलित मजदूर उनकी सलाह मानकर हड़तालियों से अलग हो गए और काम पर लौट गए।

इसके साथ-साथ डॉ. बाबासाहब अंबेडकर अन्य मोर्चों पर भी लड़ाई जारी रखे हुए थे। उन्हें दलित वर्गों की शैक्षिक, सामाजिक व आर्थिक दशा का अध्ययन करने तथा उनके उत्थान के उपाय सुझाने के लिए मुंबई सरकार द्वारा गठित स्टार्ट समिति का सदस्य बनाया गया।

इस स्टार्ट समिति के साथ किए विभिन्न जिलों के दौरों में भी डॉ. अंबेडकर को कई बार अपमान झेलना पड़ा। समिति ने अपनी रिपोर्ट में कहा कि हालांकि दलित वर्गों के लोग हिंदुओं के विधि-विधानों, त्यौहारों और धार्मिक अनुष्ठानों का पालन करते हैं, परंतु उन्हें अलग-थलग रहने को मजबूर किया गया है। समिति का विचार था कि साझे स्कूलों से दलितों की शिक्षा में मदद मिलेगी। समिति ने उनके लिए छात्रवृत्तियां बढ़ाने, अधिक हॉस्टल खोलने तथा उद्योगों, मिलों व रेलवे कारखानों में तकनीकी प्रशिक्षण देने की सिफारिश की। समिति ने यह भी सिफारिश की कि दलित वर्गों के व्यक्तियों को पुलिस तथा फौज में भरती किया जाए। उसने इन सिफारिशों के अमल पर निगरानी के लिए एक विशेष अधिकारी नियुक्त करने की भी सिफारिश की।

मार्च 1930 में जब गांधीजी सविनय अवज्ञा आंदोलन की शुरूआत

के लिए डांडी मार्च का नेतृत्व कर रहे थे, उस समय डॉ. अंबेडकर नासिक के प्रसिद्ध राम मंदिर में दलितों को प्रवेश दिलाने के लिए सत्याग्रह का नेतृत्व कर रहे थे।

गोलमेज कांफ्रेंस

साइमन कमीशन की सिफारिशों के आधार पर ब्रिटिश सरकार ने सभी रियासतों के शासकों तथा विभिन्न दलों के नेताओं को बातचीत के लिए बुलाया। नवंबर 1930 से जनवरी 1931 तक हुई इस गोलमेज कांफ्रेंस के लिए डॉ. बाबासाहब अंबेडकर को 'दलितों' के प्रतिनिधि के रूप में आमंत्रित किया गया।

कॉफ्रेंस में डॉ. अंबेडकर ने कहा कि मैं ब्रिटिश भारत की कुल जनसंख्या के पांचवे हिस्से के लोगों का दृष्टिकोण रख रहा हूं जिनकी हालत गुलामों से भी बदतर बना दी गई है। उन्होंने कहा, "ब्रिटिश लोगों के आने से पहले अस्पृश्यता के कारण हम घृणित अवस्था में थे। क्या ब्रिटिश सरकार ने इस स्थिति को सुधारने के लिए कुछ किया है? ब्रिटिश सरकार से पहले हम गांव के कुएं से पानी नहीं ले सकते थे। क्या ब्रिटिश सरकार ने हमें कुएं से पानी लेने का अधिकार दिलाया है? अंगरेजों के आने से पहले हम मंदिरों में नहीं जा सकते थे। क्या अब हम मंदिरों में प्रवेश कर सकते हैं? पहले हमें पुलिस में भरती नहीं किया जाता थे। क्या अब सरकार हमें पुलिस में भरती करती है? अंगरेजों के आने से पहले सेना में हमारे प्रवेश की मनाही थी। क्या अब हमें फौज में भरती हो सकते हैं? इनमें से किसी भी प्रश्न का उत्तर हां में नहीं दिया जा सकता। सभी विकार खुले घाव की तरह मौजूद हैं और अंगरेजी शासन के 150 वर्ष बीत जाने पर भी उन्हें दूर नहीं किया गया है।"

डॉ. अंबेडकर द्वारा 'दलितों' की दुर्दशा का स्पष्ट चित्र खींचे जाने के बाद पहली बार दुनिया को मालूम हुआ कि भारत में इन वर्गों के लोग कैसी जिंदगी बसर कर रहे हैं। गोलमेज कांफ्रेंस में डॉ. अंबेडकर ने

भारत के लिए औपनिवेशिक दर्जे का जोरदार समर्थन किया और संविधान निर्माताओं को संविधान बनाते समय यह बात ध्यान में रखने को कहा कि जाति-प्रथा समाज में समानता और भाईचारा कायम करने में बहुत बड़ी बाधा है।

सबसे अधिक महत्व की बात यह है कि डॉ. अंबेडकर ने बड़ी मेहनत तथा राजनीतिक सूझबूझ के साथ दलित वर्गों के मौलिक अधिकारों का घोषणा-पत्र भी तैयार किया। उन्होंने उस योजना को भारत के भावी संविधान में शामिल करने का सुझाव दिया। समूचे भारत में दलित जातियों के संगठनों की अनेक बैठकों में इस दस्तावेज पर विचार-विमर्श हुआ तथा इसके समर्थन में प्रस्ताव पारित किए गए।

डॉ. बाबासाहब को गोल मेज कांफ्रेंस की दूसरी बैठक के लिए भी आमंत्रित किया गया। इस बार उन्हें संघ निर्माण समिति का सदस्य बनाया गया, जिसे भारत के भावी संविधान का मसौदा तैयार करने का काम सौंपा गया। दूसरी गोल मेज कांफ्रेंस की विशेषता यह थी कि इसमें महात्मा गांधी भी शामिल हुए।

पूना समझौता

सम्मेलन में महात्मा गांधी ने कहा कि इंडियन नेशनल कांग्रेस को 'दलितों' के हितों की किसी भी अन्य संस्था या व्यक्तियों के हितों के समान चिंता है। 'दलितों' को हिंदू समाज का अभिन्न अंग मानते हैं और नहीं चाहते कि वे किसी भी रूप में समाज से अलग रहें। इसलिए उन्होंने घोषणा की कि वे दलित वर्गों को विशेष प्रतिनिधित्व देने का विरोध करेंगे।

यह दृष्टिकोण डॉ. अंबेडकर के विचार से एकदम अलग था, क्योंकि वे दलित वर्गों को अलग मताधिकार दिलाने पर दृढ़ थे। इसके अलावा उनका मानना था कि कांग्रेस अस्पृश्यता की समस्या के प्रति गंभीर और ईमानदार नहीं थी। उनका तर्क यह था कि यदि ऐसा होता तो कांग्रेस ने पार्टी की सदस्यता के लिए अस्पृश्यता छोड़ने और दलितों के साथ

बैठकर खाना खाने की भी उसी तरह शर्त रखी होती जिस तरह खादी पहनने की रखी गई है। उन्हें आशंका थी कि स्वतंत्र भारत में भी सवर्ण हिंदू दलितों के साथ दुर्व्यवहार करते रहेंगे।

भारत लौटने पर जिस समय दलित वर्गों के लिए अलग मताधिकार की घोषणा की गई, उस समय महात्मा गांधी पूना के निकट यरवदा जेल में बंद थे। गांधीजी को इससे इतनी ठेस लगी कि उन्होंने इस फैसले के खिलाफ आमरण अनशन कर दिया। इससे सारे देश में हलचल मच गई।

दिन बीतते गए और समूचा राष्ट्र महात्मा गांधी के स्वास्थ्य को लेकर चिंतित हो उठा। परंतु डॉ. बाबासाहब अंबेडकर अपने दृष्टिकोण पर अडिग थे, भले ही उन्हें महात्मा गांधी के सीधे विरोध पड़ रहा था तथा पूरे देश की नाराजगी और विद्वेष झेलना पड़ें। उन्होंने ऐलान किया कि वे दलितों के अधिकारों को किसी भी तरह से कम होने देने के लिए तैयार नहीं हैं।

अनेक लोग, नेता तथा मित्र डॉ. बाबासाहब अंबेडकर से मिलने आने लगे। वे उनसे अपील करने लगे तथा उन पर दवाब डालने लगे। उनके खिलाफ जोरदार आंदोलन चलाए गए। परंतु वे टस से मस नहीं हुए। अंततः यरवदा जेल में डॉ. अंबेडकर तथा महात्मा गांधी के बीच बातचीत के लिए योजना बनाई गई। उसके 2 दिन बाद 24 सितंबर, 1932 को दोनों नेताओं ने एक समझौते पर हस्ताक्षर किए जो पूना समझौता कहलाता है। इसके अनुसार दलितों के लिए अलग मताधिकार का प्रावधान समाप्त हो गया। इसके बजाय दलितों को कई रियायतें दी गईं। प्रांतीय लेजिस्लेटिव असेंबलियों में 148 सीटें और सेंट्रल कांउसिंल ऑफ स्टेट्स में 18 प्रतिशत सीटें उनके लिए आरक्षित की गईं। इस तरह महात्मा गांधी के जीवन की रक्षा हुई और अस्पृश्यता की विकट समस्या के बारे में देश की आंखें खुली। इसके बाद बहुत से सार्वजनिक कुएं और मंदिर दलितों के लिए खोल दिए गए। नवंबर, 1932 में डॉ. बाबासाहब अंबेडकर ने गोल मेज कांफ्रेंस के तीसरे सत्र में भाग लिया।

दुख की घड़ी

लगातार काम करने से डॉ. बाबासाहब अंबेडकर की सेहत खराब हो चली। उनके लिए अधिक समय तक विश्राम आवश्यक हो गया। इसके लिए वे मार्च, 1934 में बोर्डी और महाबलेश्वर गए। उस समय तक बाबासाहब का एक प्रिय सपना पूरा हो चुका था। उनके द्वारा मनोयोग से तैयार किए गए डिजाइन वाला उनका मकान बनकर तैयार था। निचली मंजिल पर डॉ. अंबेडकर अपनी विनम्र पत्नी रमाबाई के साथ रहने लगे। ऊपर की मंजिल पर सफाई और करीने से हजारों पुस्तकें रखी गईं।

कुछ दिन बीमार रहने के बाद 27 मई, 1935 को रमाबाई का देहांत हो गया। जीवन के अनेक झंझावातों को झेल चुके बहादुर तथा साहसी डॉ. अंबेडकर, पत्नी के विछोह तथा दुख को सहन नहीं कर पाए। वे अंदर से टूट गए।

रमाबाई की मृत्यु से पहले डॉ. बाबा साहब अंबेडकर ने मुंबई सरकार की ओर से लॉ कॉलेज के प्रधानाचार्य बनने का प्रस्ताव स्वीकार कर लिया था। रमाबाई की मृत्यु के बाद जून, 1935 में उन्होंने यह नौकरी शुरू की। अब वे सरकारी कर्मचारी बन गए थे और लोगों का विचार था कि सरकारी नियमों के अनुरूप उन्हें राजनीति छोड़नी पड़ेगी।

राजनीति के बाहर एक 'दलित' का जीवन चाहे वह डॉ. बाबासाहब अंबेडकर जैसा शिक्षित और विद्वान ही क्यों न हो, कटु, अपमानजनक, यातनाओं से भरा बना रहा। उनके लंबे संघर्ष और कष्ट साध्य प्रयासों के परिणाम उत्साहजनक नहीं थे। कभी-कभी तो वे ऐसी स्थिति में हतोत्साहित हो जाते थे।

13 अक्टूबर, 1935 को येवला, नासिक में एक सभा में डॉ. अंबेडकर ने दलितों के उत्थान के लिए एक दशक पहले शुरू किए गए संघर्ष के दौरान अछूतो की दशा में हुए सुधारों की समीक्षा की। अपने मार्मिक भाषण में डॉ. अंबेडकर ने हिंदू समाज के अंग के रूप में 'दलितों' की

आर्थिक, सामाजिक, राजनीतिक और शैक्षिक क्षेत्रों में उनकी स्थिति का उल्लेख किया। उन्होंने कहा कि मुझे यह दुखद अनुभूति हुई है कि जो समय व धन खर्च किया गया है और उन्होंने जो प्रयास किए हैं, उनका कोई नतीजा नहीं निकला। अब समय आ गया है कि हमेशा के लिए मामला सुलझाने के लिए कोई अंतिम फैसला किया जाए। इसके बाद उन्होंने दलित वर्गों को प्रेरित किया कि वे हिंदू धर्म से सारे नाते तोड़ लें और शांति तथा आत्मसम्मान के लिए किसी दूसरे ऐसे धर्म की शरण लें जहां उन्हें समानता का दर्जा, सम्मान और आगे बढ़ने के अवसर मिलें।

धर्म-परिवर्तन की डॉ. अंबेडकर की घोषणा से सारे देश में तहलका मच गया। मुसलमानों, सिक्खों तथा बौद्धों ने उन्हें अपने-अपने धर्म में आने का निमंत्रण दिया।

चुनाव

जैसे-जैसे 1936 का वर्ष समाप्त होने का आया, देश के लोगों के विभिन्न समूहों में हलचल और उत्साह बढ़ने लगा। ब्रिटिश सरकार ने आगामी वर्ष में चुनाव कराने की घोषणा की थी ताकि प्रांतों का शासन निर्वाचित प्रतिनिधियों द्वारा चलाया जा सके। उस समय मौजूद इंडियन नेशनल कांग्रेस, मुस्लिम लीग तथा हिंदू महासभा जैसे राजनीतिक दल अगले चुनावों की तैयारी में लग गए। डॉ. अंबेडकर ने भी अपनी तैयारियां शुरू कर दीं।

अगस्त 1936 में उन्होंने नया राजनीतिक दल बनाया और उसे इंडिपेंडेंट लेबर पार्टी नाम दिया। मुंबई प्रांत तक सीमित इस नए दल ने भूमिहीन लोगों, निर्धन काश्तकारों, खेतीहर मजदूरों तथा मिल मजदूरों की तात्कालिक आवश्यकताओं को पूरा करने तथा शिकायतों को दूर करने के आधार पर अपना कार्यक्रम तैयार किया।

चुनाव 17 फरवरी, 1937 को हुए। डॉ. अंबेडकर तथा उनके कई साथी भारी बहुमत से विजयी हुए। इस जीत के तुरंत बाद उन्हें एक

और सफलता मिली। मुंबई उच्च न्यायालय ने महाड़ के चवदार ताले से पानी लेने संबंधी लंबे समय से चल रहे मुकदमे का फैसला दलितों के हक में किया।

बंबई प्रांतीय लेजिस्लेटिव असेंबली में डॉ. अंबेडकर ने सन् 1937 में कोंकण क्षेत्र में भूमि बटाई की खेती प्रथा समाप्त करने के लिए विधेयक पेश किया। विधेयक में यह प्रावधान था कि कृषि का लाभ उन गरीबों को दिया जाए जो छोटी-छोटी जोतों के मालिक हैं और उन्हें जोतते हैं न कि धनी 'खेत' को जो इन सबके ऊपर मुखिया के रूप में काम करता हैं। उन्होंने कृषि बटाईदारों की दासता की प्रथा तथा महार 'वतन' प्रथा समाप्त करने के लिए एक और विधेयक रखा इस प्रथा के खिलाफ वे एक दशक से भी अधिक समय से आंदोलन कर रहे थे।

एक कृषि विधेयक की एक धारा में दलित वर्गों के लिए 'हरिजन' शब्द इस्तेमाल किया गया। इस नए शब्द के प्रयोग का जोरदार विरोध करते हुए डॉ. अंबेडकर ने पूछा कि यदि दलित लोग भगवान के लोग हैं तो क्या सवर्ण राक्षस के हैं? उन्होंने असेंबली में दृढ़ता से कहा कि यदि सभी को हरिजन पुकारा जाए तो उन्हें कोई आपत्ति नहीं होगी। इस मामले में मतदान हुआ। इंडियन नेशनल कांग्रेस बहुमत में होने के कारण नया शब्द लागू कराने में सफल हो गई। डॉ. बाबासाहब ने, जिनकी पार्टी ने असेंबली में दलित वर्गों के लिए सुरक्षित 15 में से 13 सीटें जीतीं थी, दुखी होकर कहा कि उन्हें किस नाम से पुकारा जाए, इस बारे में भी उनकी बात नहीं सुनी जाती।

सन् 1939 में दूसरा विश्वयुद्ध छिड़ गया। ब्रिटिश सरकार ने भारतीय नेताओं से परामर्श किए बिना ही घोषणा कर दी कि भारत लड़ाई में ब्रिटेन का साथ देगा। उस मनमानी के विरोध में कांग्रेस सरकारों ने सभी प्रांतों में इस्तीफा दे दिया।

युद्ध के दौरान ही डॉ. बाबासाहब अंबेडकर की पुस्तक *थॉट्स ऑन पाकिस्तान* प्रकाशित हुई। इस पुस्तक में उन्होंने पृथक मुस्लिम राष्ट्र बनाने के मसले पर कुशलतापूर्वक तर्क दिए। इस पर काफी चर्चा हुई और उनकी आलोचना की गई।

उस समय डॉ. बाबासाहब अंबेडकर लगातार सभाएं करके दलितों को ब्रिटिश सेना में भरती होने के लिए प्रेरित भी कर रहे थे। उन्होंने मुंबई के गवर्नर से मुलाकात करके सेना में महारों की भरती पर लगा प्रतिबंध समाप्त करने और नई महार बटालियन बनाने का भी अनुरोध किया। उनका अनुरोध मान लिया गया और शीघ्र ही एक महार बटालियन बन गई।

ऐसे समय में जब स्वतंत्रता आंदोलन जोर पकड़ रहा था, दलित वर्गों को ब्रिटिश सेना में भरती होने के लिए प्रोत्साहित करने का यह प्रयास बहुत से लोगों को नागवार गुजरा और इसे विदेशी शासकों की मदद माना गया। डॉ. अंबेडकर की कड़ी भर्त्सना की गई तथा उनका उपहास भी किया गया। परंतु जिसके मन में दलितों की भलाई सबसे ऊपर थी। उसे इन आलोचनाओं की कोई परवाह नहीं थी। वे धारा के विरूद्ध जाने के आदी थे।

देश के बहुसंख्यक लोगों के इस 'तिरस्कार' की क्षतिपूर्ति के रूप में भारत के वाइसराय ने डॉ. अंबेडकर को जुलाई, 1941 में गठित रक्षा सलाहकार समिति का सदस्य नियुक्त किया। अगले वर्ष जून सन् 1942 में वाइसराय ने डॉ. अंबेडकर को कार्यकारी परिषद का सदस्य बना दिया। भारत के इतिहास में इससे पहले कभी भी देश के प्रशासन के इतने ऊंचे पद पर कोई 'अछूत' नियुक्त नहीं हुआ था।

गांधी जी ने 9 अगस्त, 1942 को भारत छोड़ो आंदोलन शुरू किया। सारा देश करो या मरो के उत्साहपूर्ण नारे से अनुप्राणित था। घटनाएं बड़ी तेजी से घट रही थीं। सन् 1945 के अंत में लार्ड वावेल ने आम चुनावों की घोषणा कर दी।

एक बार फिर राजनीतिक सरगर्मियां तेज हो गई क्योंकि सभी दल चुनाव अभियान में जुट गए। अपने संगठन शेडयूल्ड कास्ट फेडरेशन की ओर से बाबासाहब अंबेडकर भी तूफानी दौरे पर निकल पड़े। सभाओं को संबोधित करते हुए उन्होंने अपने लोगों से कहा कि दलितों की भलाई इसी में है कि उनके लिए आरक्षित सभी सीटे जीती जाएं। परंतु जब परिणाम घोषित हुए तो डॉ. अंबेडकर तथा उनके साथी बुरी

तरह हार गए। डॉ. अंबेडकर के लिए चुनाव हारना राजनीतिक पक्षाघात जैसा था।

स्वाधीनता

भारतीय जनता में स्वतंत्रता के लिए बढ़ती बेचैनी, आजाद हिंद फौज की गाथा से उभरी देशभक्ति की लहर और नौसेना व वायुसेना में हुए विद्रोह के कारण अंगरेजों को लगने लगा कि अब अधिक समय तक भारत को गुलाम बनाए रखना संभव नहीं होगा। सन् 1946 में ब्रिटिश प्रधानमंत्री क्लेमेंट एटली ने भारत की पूर्ण स्वतंत्रता के अधिकार को सार्वजनिक रूप से स्वीकार किया।

ब्रिटेन के तीन कैबिनेट मंत्रियों का प्रतिनिधिमंडल, जो बाद में कैबिनेट मिशन के नाम से मशहूर हुआ, भारत में आया और उसने विभिन्न राजनीतिक दलों व नेताओं से बातचीत की। तब तक ब्रिटिश सरकार ने चुनावों में विजयी दलों के प्रतिनिधियों से भारत में नई सरकार बनाने का फैसला कर लिया था। वाइसराय की कार्यकारी परिषद भंग हो गई। सरकारी जिम्मेदारी से मुक्त होने के बाद बाबासाहब अंबेडकर को दलित वर्गों के लिए काम करने का और मौका मिला।

इन हालात में उन्हें अपना एक और संजोया हुआ सपना पूरा होता दिखाई दिया। उनकी हमेशा यह कामना रही थी कि वे आधुनिक सुविधाओं एवं उपकरणों तथा सुयोग्य अध्यापकों से युक्त एक शिक्षा संस्थान खोलें। इसके लिए सन् 1945 में उन्होंने पीपुल्स एजुकेशनल सोसायटी की स्थापना की। जून, 1946 में इस संस्था ने अपना प्रथम शिक्षा संस्थान, सिद्धार्थ कॉलेज खोला। 29 जून को कामचलाऊ सरकार की घोषणा की गई और कैबिनेट मिशन लंदन लौट गया।

यद्यपि कांग्रेस ने भी हरिजन उत्थान का काम अपने हाथ में लिया था, परंतु डॉ. अंबेडकर को उसके कोई खास परिणाम आने की आशा नहीं थी। उनको डर था कि स्वतंत्र भारत में हरिजन पुनः गरीबी के

गर्त में धकेल दिए जाएंगे और समाज तथा सार्वजनिक स्थानों से बहिष्कृत कर दिए जाएंगे। यही सोचते हुए बाबासाहब ने अपने लोगों को साथ लेकर कांग्रेस के खिलाफ जोरदार आंदोलन छेड़ा। उन्होंने कांग्रेस से साफ तौर पर यह बताने को कहा कि स्वतंत्र भारत में दलित वर्गों की स्थिति सामाजिक दर्जा तथा उनके अधिकार क्या होंगे।

जैसा कि कैबिनेट मिशन ने तय किया था, संविधान सभा गठित करने के लिए सदस्य प्रांतीय असेंबलियों द्वारा चुने गए, जिसका काम संविधान का निर्माण करना था। तथापि बंगाल के अनुसूचित वर्ग के प्रतिनिधियों और मुस्लिम लीग के समर्थन से डॉ. अंबेडकर को भी संविधान सभा में स्थान मिला। अपने विशद ज्ञान और गहरी सूझबूझ तथा सुबोध एवं प्रभावशाली वक्तृत्व कला के बल पर अंबेडकर ने बहुत जल्दी सभी सदस्यों का दिल जीत लिया। इसके अलावा उन्होंने "राज्य और अल्पसंख्यक समुदाय" विषय पर बड़ी मेहनत से प्रारूप तैयार किया और संविधान सभा के सामने रखा। 29 अप्रैल, 1947 को संविधान सभा ने घोषणा की कि सब तरह की अस्पृश्यता समाप्त कर दी जाएगी।

15 जुलाई, 1947 को ब्रिटिश संसद ने भारत स्वाधीनता अधिनियम पास किया। भारत के पहले मंत्रिमंडल के गठन का समय आ गया था। उस समय सब दंग रह गए जब डॉ. बाबासाहब अंबेडकर को कानूनमंत्री के रूप में केबिनेट में शामिल होने के लिए आमंत्रित किया गया। उन्होंने यह प्रस्ताव स्वीकार कर लिया।

15 अगस्त, 1947 को भारत स्वतंत्र हो गया।

संविधान निर्माता

स्वाधीन भारत की संविधान सभा ने संविधान प्रारूप समिति बनाई, जिसका अध्यक्ष डॉ. बाबासाहब अंबेडकर को बनाया गया। जिस अंबेडकर ने दो दशक पूर्व *मनुस्मृति* जलाककर हिन्दुओं के लिए नई संहिता की मांग की थी, उसी अंबेडकर को हिंदू बहुसंख्या वाले स्वतंत्र

भारत के संविधान का प्रारूप तैयार करने का दायित्व सौंपा गया।

डॉ. अंबेडकर अपने मंत्रालय का कार्यभार संभालने के साथ-साथ इस अत्यंत प्राचीन, विशाल और विविधतापूर्ण राष्ट्र के संविधान निर्माण में भी निरंतर लगे रहे। संविधान प्रारूप समिति में यों तो सात सदस्य थे, किंतु विभिन्न कारणों से यह बृहत् कार्य भार अकेले डॉ. बाबासाहब अंबेडकर के कंधों पर आ पड़ा। छह महीने बाद, फरवरी, 1948 में उन्होंने अपना काम पूरा कर दिया। संविधान का प्रारूप देश की जनता के सामने रखा गया। डॉ. बाबासाहब अंबेडकर की मेहनत रंग लाई।

परंतु बाबासाहब को इस कड़ी मेहनत की भी कीमत चुकानी पड़ी। अत्यधिक शारीरिक एवं मानसिक परिश्रम का उनकी सेहत पर बहुत बुरा असर पड़ा। उन्हें स्नायु-पीड़ा के दौरे पड़ने लगे जो कई-कई घंटों तक और कभी-कभी तो पूरे दिन या दो-दो दिन तक रहते। डॉ. अंबेडकर इलाज के लिए मुंबई आए। उन्हें लगा कि पत्नी रमाबाई के बाद उनका ऐसा कोई साथी न रहा जो उन्हें स्नेह देते हुए उनकी देखभाल करता। ऐसे अंतरंग साथी के रूप में उन्हें उसी अस्पताल में जहां डॉ. अंबेडकर का इलाज चल रहा था, डॉ. शारदा कबीर मिल गईं। उन्होंने विवाह करने का निर्णय लिया। 57 वर्ष की आयु में डॉ. बाबासाहब अंबेडकर ने डॉ. शारदा कबीर से विवाह कर लिया।

फिर वे स्वस्थ होने लगे तथा नया घरेलू जीवन प्राप्त करने के बाद अपने काम पर लौट आए। अक्टूबर, 1948 में उनकी अंग्रेजी पुस्तक *दि अनटचेबल्स* प्रकाशित हुई।

भारतीय संविधान के प्रारूप पर 6 महीने तक सार्वजनिक विचार और बहस के बाद 4 नवम्बर को डॉ. बाबासाहब अंबेडकर ने उसे संविधान सभा में प्रस्तुत किया। इसमें 395 अनुच्छेद और 8 अनुसूचियां थीं। अपने भाषण में उन्होंने इसे अत्यंत जटिल दस्तावेज बताते हुए उसकी मुख्य विशेषताओं पर प्रकाश डाला। अनुच्छेदों को पूरी तरह तथा अच्छी तरह न समझ पाने के कारण प्रारूप की जो आलोचनाएं हुई, उनका उन्होंने युक्तियुक्त रूप से उत्तर भी दिया। संविधान

स्वीकार किए जाने से पहले उसके प्रत्येक अनुच्छेद की प्रत्येक धारा पर विस्तार से चर्चा हुई।

29 नवम्बर, 1948 को संविधान का अनुच्छेद 11 भारी समर्थन के साथ पारित हो गया। इस अनुच्छेद में अस्पृश्यता की समाप्ति की घोषणा की गई थी।

पूरा संविधान तीन बार पढ़ा गया और 395 अनुच्छेदों तथा 8 अनुसूचियों वाला संविधान 26 नवम्बर, 1949 को स्वीकार किया गया। भारतीय संविधान की सबसे महत्वपूर्ण विशेषता न्यायगत प्रभुसत्ता है। उस प्रभुसत्ता का निर्वहन संसद करती है।

डॉ. बाबासाहब अंबेडकर ने परिश्रमपूर्वक संविधान का प्रारूप बनाने के साथ-साथ हिंदू कानून को संशोधित करने और उसे संहिताबद्ध करने का काम भी किया। उन्होंने अक्टूबर, 1948 में हिंदू कोड बिल संविधान सभा में प्रस्तुत किया। इससे बहुत बड़ा झमेला खड़ा हो गया।

हिंदू कानून

डॉ. बाबासाहब अंबेडकर ने स्पष्ट किया कि हिंदू कोड बिल का उद्देश्य हिंदू कानून के कुछ पहलुओं को संहिताबद्ध और संशोधित करना है। सभी हिंदुओं के लिए एक ही तरह के कानून बनाना देश की एकता के लिए लाभदायक रहेगा। डॉ. बाबासाहब अंबेडकर ने इस बात पर जोर दिया कि नए गणतंत्रात्मक भारतीय संविधान में स्पष्ट निर्देश निहित हैं कि सरकार के द्वारा समग्र रुप से देश के लाभ के लिए एक समान नागरिक संहिता तैयार करने की दिशा में प्रयास किए जाने चाहिए।

परंतु लोगों में और यहां तक कि कांग्रेस पार्टी में इस विषय पर मतभेद थे। अतः हिंदू कोड बिल पर विचार सितंबर 1951 में होने वाले अगले सत्र तक स्थगित कर दिया गया। लगा कि डॉ. अंबेडकर के प्रयास व्यर्थ हो गए हैं।

इन सब घटनाओं के बीच डॉ. अंबेडकर नई दिल्ली में गौतम बुद्ध की जयंती के अवसर पर एक सम्मेलन को संबोधित करने के बाद से बौद्धों तथा बौद्ध धर्म के निकट आते गए। उन्होंने *बुद्ध तथा उनके धर्म का भविष्य* शीर्षक से एक लेख भी लिखा जिसमें बौद्ध धर्म की अच्छाइयों की प्रशंसा की गई। इसके बाद वे अपनी पत्नी डॉ. शारदा के साथ एक बौद्ध सम्मेलन में भाग लेने कोलंबों भी गए। वहां उन्होंने 'दलितों' को बौद्ध धर्म अपनाने की सलाह दी। भारत लौटकर सितंबर 1950 में मुंबई के एक बौद्ध मंदिर में अपने भाषण में डॉ. अंबेडकर ने कहा कि अपने कष्ट कम करने के लिए दलित वर्गों को बौद्ध धर्म स्वीकार कर लेना चाहिए।

डॉ. अंबेडकर का स्वास्थ्य दिनों-दिन चिंताजनक होता जा रहा था। परंतु वे अपना इलाज शुरू कराने से पहले संविधान सभा में हिंदू कोड बिल पर विचार शुरू करवा देना चाहते थे। यह विधेयक कानून के जरिए हिंदू समाज के बुनियादी ढांचे को बदलने और उसे आधुनिक परिस्थितियों के अधिक अनुरूप बनाने का सुनहरा अवसर था। यह विचार मात्र ही उनके लिए अत्यंत रोमांचकारी और प्रेरक था कि एक दलित, एक महार होते हुए भी वे हिंदू समाज के पुनर्निर्माण में सहायक बन रहे थे। इस विधेयक को तैयार करने के लिए उन्होंने गहन अध्ययन और अथक परिश्रम किया था। इस काम में उन्होंने अपनी सेहत का ध्यान नहीं रखा। डाक्टरों ने उन्हें लिखने-पढ़ने से मना कर रखा था, किंतु वे काम में लगे रहे जिससे उनकी आंखों की रोशनी और कम हो गई। वे असेंबली में हिंदू कोड बिल पर विचार शुरू होने की उत्सुकता से प्रतीक्षा करते रहे।

परंतु कांग्रेस में अधिसंख्य सदस्य विधेयक के पारित होने के पक्ष में नहीं थे। अतः पहले तो निर्धारित कार्यक्रम के अनुसार सितंबर में विधेयक पर विचार शुरू नहीं किया गया, इसके बाद जब विधेयक पेश किया भी गया तो वह मूल विधेयक का विकृत रूप में आंशिक हिस्सा ही था। इस कटे-छटे विधेयक पर भी पूरी तरह से विचार और बहस नहीं कराई गई।

हताश हुए डॉ. बाबासाहब अंबेडकर यह सुनहरा अवसर हाथ से निकलना सहन नहीं कर पाए। उन्होंने कानून मंत्री का पद छोड़ दिया और मंत्रिमंडल से इस्तीफा दे दिया।

सम्मान

संविधान लागू होने के बाद सन् 1952 के आरंभ में देश में पहले आम चुनाव हुए। डॉ. अंबेडकर लेजिस्लेटिव असेंबली के लिए खड़े हुए लेकिन हार गए। परंतु मार्च 1952 में वे राज्यसभा के लिए चुन लिए गए। तभी समाचार आया कि कोलंबिया विश्वविद्यालय उन्हें अगले दीक्षांत समारोह में डॉक्टर ऑफ लॉ की उपाधि प्रदान करेगा। डॉ. अंबेडकर न्यूयॉर्क गए और 5 जून, 1952 को उन्होंने डाक्टरेट की उपाधि ग्रहण की। 12 जनवरी, 1953 का हैदराबाद दक्कन के उस्मानिया विश्वविद्यालय ने उन्हें डॉक्टरेट ऑफ लिटरेचर की मानद उपाधि प्रदान की।

डॉ. अंबेडकर हालांकि राज्यसभा में तथा अन्य क्षेत्रों में काम कर रहे थे, परंतु उनका स्वास्थ्य ठीक नहीं चल रहा था। उम्र बढ़ने के साथ-साथ उनके मस्तिष्क में बौद्‍ध दर्शन के विचार कौंधने लगे। सन् 1954 में वे तीसरे विश्व बौद्‍ध सम्मेलन में भाग लेने रंगून गए। इस सम्मेलन का उनके मन पर गहरा प्रभाव पड़ा। उन्होंने घोषणा की कि वे भारत में बौद्‍ध धर्म का प्रचार करेंगे। सन् 1955 में देश भर में यह खबर फैल गई कि डॉ. अंबेडकर अपना धर्म परिवर्तन करेंगे और बौद्‍ध बन जाएंगे।

डॉ. अंबेडकर को अनेक बौद्‍ध संगठनों तथा संस्थानों से व्याख्यान देने के लिए निमंत्रण मिलने लगे थे। ये संगठन बुद्‍ध धर्म स्वीकार करने के उनके निर्णय से बहुत उत्साहित हुए। डॉ. अम्बेडकर ने बंगलौर में बौद्‍ध गुरूकुल शुरू करने की घोषणा भी की।

मई 1955 से डॉ. अंबेडकर की सेहत और बिगड़ती गई। उनके सारे दांत गिर चुके थे। अब उठने-बैठने तथा चलने-फिरने के

लिए सहारे की जरूरत पड़ने लगी। उन्हें सांस की शिकायत भी हो गई। इतनी खराब सेहत के बावजूद वे घंटों तक लिखने-पढ़ने का काम करते रहते। उनकी पुस्तक *दि बुद्ध एंड हिज गॉस्पेल* पूरी हो गई थी। उन्होंने दो अन्य पुस्तकें *रेवोल्यूशंस एंड काउंटर रेवोल्यूशंस इन इंडिया* और *दि बुद्ध एंड कार्ल मार्क्स* लिखनी शुरू कर दी।

मई 1956 में बुद्ध जयंती पर डॉ. अंबेडकर ने घोषणा कर दी कि वे अक्टूबर में बुद्ध धर्म स्वीकार कर लेंगे। 14 अक्टूबर को अपनी पत्नी तथा लगभग 3 लाख अनुयायियों के साथ वे बौद्ध बन गए। जब उनसे पूछा गया कि उन्होंने ऐसा क्यों किया तो वे बोले, "यह सवाल आप अपने आप से और अपने पूर्वजों से क्यों नहीं पूछते कि मैं हिंदू समाज को छोड़कर बौद्ध क्यों बन रहा हूं।"

एक महीने बाद डॉ. अंबेडकर चौथे विश्व बौद्ध सम्मेलन में भाग लेने काठमांडू गए। वहां से भारत लौटने पर वे बुरी तरह थक चुके थे। इसके बावजूद उन्होंने *दि बुद्ध एंड कार्ल मार्क्स* अंतिम अध्याय पूरा किया। उन्होंने 16 दिसंबर, 1956 को मुंबई में अन्य अनेक लोगों के धर्म परिवर्तन का कार्यक्रम तय किया।

परंतु 5 दिसंबर को डॉ. अंबेडकर सोए तो फिर नहीं जागे। नींद में ही उनका देहावसान हो गया। बौद्ध धर्म के अनुसार उन्हें 'निर्वाण' प्राप्त हो गया।

दलित वर्गों के उत्थान तथा भारत के सभी लोगों में समानता कायम करने के जीवन भर के उनके अथक प्रयासों की देश के जन जीवन पर गहरी छाप पड़ी है। उन्होंने भारत को ऐसा संविधान दिया जिसमें धर्म, जाति, मत तथा लिंग के आधार पर भेदभाव किए बिना समानता का प्रावधान है और समूचे देश के लिए समान नागरिक संहिता बनाने की दिशा में प्रयास करने का संकल्प निहित है। विभिन्न कानूनों के अंतर्गत मनुष्य के बीच तथा पुरूषों और महिलाओं के बीच विशेषकर विवाह, तलाक, गोद लेना, उत्तराधिकार तथा शिक्षा के मामले में समानता को बढ़ावा मिला है। कोंकण क्षेत्र में 'खोती' प्रथा और महार 'वतन' प्रथा का बहुत पहले उन्मूलन कर दिया गया था। आज सभी

मंदिर, सार्वजनिक कुए तथा सार्वजनिक स्थान दलितों के लिए खुले हैं और अस्पृश्यता का आचरण अपराध माना जाता है। सभी लोगों के लिए समान नागरिक संहिता की आवश्यकता को भी स्वीकृति मिल रही है। वह दिन अवश्य आएगा जब समूचे भारत के लिए समान नागरिक संहिता संबंधी डॉ. बाबासाहब अंबेडकर का अंतिम सपना भी साकार हो जाएगा।

"हम भारत के लोग भारत को प्रभुसत्ता संपन्न, समाजवादी, धर्मनिरपेक्ष, लोकतांत्रिक गणतंत्र बनाने और सभी नागरिकों को सामाजिक, आर्थिक तथा राजनीतिक न्याय, विचार, अभिव्यक्ति विश्वास, आस्था और पूजा की स्वतंत्रता, स्तर और अवसर की समानता दिलाने तथा व्यक्ति की गरिमा और देश की एकता व अखंडता कायम रखते हुए उन सबमें भाईचारा विकसित करने के संकल्प के साथ इस संविधान सभा में 26 नवंबर, 1949 को यह संविधान स्वीकार और क्रियान्वित करते हैं और इसे स्वयं को प्रदान करते हैं।"

भारतीय संविधान की प्रस्तावना।

कमलादेवी चट्टोपाध्याय

मुक्ता मुंजाल

"मेरी जीवन यात्रा इन दशकों में बहुत लंबी किंतु स्मरणीय रही है, जो पीछे मुड़कर देखने पर संध्यावेला के धूमिल आकाश जैसी लगती है, जिसमें यहां-वहां सितारों की चमक-सी तीव्र चुभन है, एक छोटा-सा दायरा अनंत के विराट में, कगारों के चित्तीदार धब्बे, समृद्ध एवं स्थायी अनुभवों, आकांक्षाओं, हताशाओं, आशाओं व निराशाओं को अपने दामन में समेटे, पर इससे भी बढ़कर, पथ पर ले जाने की यात्रा की अथक ऊर्जस्विता, अधिक समृद्ध और नए अनुभवों की ओर।"

कमलादेवी चट्टोपाध्याय

कमलादेवी चट्टोपाध्याय

आज सारा विश्व, भारतीय हस्तशिल्प के विषय में जानता है। उससे प्यार करता है और उसका उपयोग करता है।

इसका श्रेय किसे जाता है?

इसका श्रेय जाता है कमला देवी चट्टोपाध्याय को। उन्होंने भारत के एक छोर से दूसरे छोर तक निरंतर यात्रा की। उन्होंने कभी मणिपुर में परंपरागत नृत्य करने वाली मंडलियों की मदद की तो कभी दिल्ली में कुतुब मीनार के निकट गांव में दयनीय गरीब परिवारों को सम्मानजनक जीवन बिताने के लिए सजावट की चीजें बनाने के कार्य में मदद की।

उन्हें "भारतीय संस्कृति की श्रेष्ठ पुजारिन" कहा गया है जो पूर्णतः उचित है क्योंकि आधुनिक भारत में वे एक जनश्रुति बन चुकी हैं। कमलादेवी ने समाज से विद्रोह किया। वे एक संघर्षशील योद्धा थीं और जीवन के अंतिम क्षणों तक सक्रिय रहीं। उन्हें ललित कलाओं, रंगमंच तथा संस्कृति से बचपन से ही लगाव रहा। कमलादेवी बहुत ही संवेदनशील महिला थीं। शायद इसी कारण उनके लिए ऋतुओं का त्योहार के साथ और त्योहारों का भारतीय जीवन के साथ सहज संयोजन महत्वपूर्ण था।

सन् 1932 में वे गांधीजी और रवींद्रनाथ टैगोर से शांतिनिकेतन में मिलीं। इस मुलाकात में उन्हें ऐसा लगा जैसे वे उन्हें कोई संदेश दे रहे हों। "टैगोर महसूस करते थे कि संगीत की मदद से व्यक्तित्व का निर्माण किया जा सकता है जबकि गांधी जी महसूस करते थे कि व्यक्तित्व का निर्माण शिल्प से और हाथों के उपयोग से होता है।"

बचपन

3 अप्रैल, 1903 को मंगलोर के एक सारस्वत परिवार में जन्मीं कमलादेवी चट्टोपाध्याय ही शायद वह विलक्षण व्यक्तित्व हैं 'संजीवन व्यक्ति' की संज्ञा से अभिहित किए जाने के लिए सर्वाधिक उपयुक्त है। वे अपने पिता अनंतैया धारेश्वर तथा माता गिरजा बाई की चौथी संतान थीं। कमलादेवी के जन्म के समय उनकी बड़ी बहन ही जीवित थीं। दो भाईयों की उनके जन्म से पहले ही मत्यु हो गई थी।

जिस परिवार में कमलादेवी पली-बढ़ीं वह समृद्ध परिवार था। कमलादेवी के पिता अपने श्रम, शक्ति और प्रतिभा से जीवन में आगे बढ़े थे और कलेक्टर के पद से सेवानिवृत्त हुए थे। जो उन दिनों बहुत महत्वूपर्ण पद था। उनकी माता भी कर्नाटक के सबसे धनी जमींदारों के एक परिवार से थीं।

हालांकि यह परिवार बहुत छोटा था, परंतु उनका विशाल मकान अनेक आश्रित लोगों तथा उन गरीब लड़कों से भरा रहता था जिन्हें कमलादेवी के पिता अपने खर्चे से पढ़ा रहे थे। उन दिनों अमीर लोगों द्वारा गरीब बच्चों की पढ़ाई का खर्च उठाना आम बात थी। कमलादेवी की मां गिरिजाबाई दृढ़ विचारों वाली महिला थीं और वे कुछ नियमों का पालन करने पर जोर दिया करती थीं। इसलिए प्रारंभ से ही वे अपनी मां का विरोध करने लगीं।

कमलादेवी बचपन से ही दृढ़ संकल्प वाली लड़की रहीं। यह बात उनकी समझ से परे थी कि जिन बातों पर उनकी मां जोर दें, उन्हें ही करना क्यों जरूरी है? जबकि वह सब करना उन्हें बिल्कुल पसंद नहीं है। गिरिजाबाई ने यह नियम बनाया था कि बच्चों को हमेशा सफेद वस्त्र पहनने चाहिए ताकि तनिक-सा भी मैल लगने पर तत्काल दिखाई दे जाए। इसके अलावा हर बार भोजन के बाद गरम पानी के गरारे करने तथा सोने से पहले हाथ-पांव अच्छी तरह धोने का नियम था। बहुत ही निडर स्वभाव की कमला देवी को यह सब तकलीफदेह लगा। परंतु बड़ी होने पर उन्होंने इन बातों को अपने जीवन में अपना

लिया। उन्हें बाहर आना-जाना अच्छा लगता था। वे घर के चारों ओर के विशाल मैदान में घूमती रहतीं और नौकरों के बच्चों के साथ खेलती और खातीं।

कल्पनाशील कमलादेवी को घर के चारों ओर बने बाग में हरे भरे पेड़ और झाड़ियां व घास बहुत मनमोहक लगती थी। घर के प्रतिकूल वातावरण से निकलकर वहां उन्हें परीलोक जैसा वातावरण और एक आश्रय स्थल मिलता था। कमला को गौशाला जाना खासतौर पर अच्छा लगता था जहां वह नवजात बछड़े को प्यार कर सकती थीं और उसके साथ खेल सकती थीं।

कमला के पिता अनंतैया कमला के आमोद-प्रमोद और नटखटपन के प्रति सहिष्णु थे। बच्चों के साथ बरताव करने का उनका अपना अलग तरीका था और वे उनके साथ बच्चे बनकर बात कर लेते थे। वे कमलादेवी के विद्रोहात्मक कामों में आनंद लेते थे। अनंतैया ने कभी इस बात पर जोर नहीं दिया कि कमलादेवी प्रकृति का आनंद लेना छोड़कर किताबों से चिपकी रहें। कमला को अध्ययन करना अच्छा नहीं लगता था, लेकिन उसे पढ़ना पसंद था जो उसकी मां ने उसे बहुत पहले सिखाया था।

प्रभाव

और अचानक ही कमला का मौजमस्ती का जीवन समाप्त हो गया। अंनतैया बीमार पड़ गए और उनका स्वर्गवास हो गया। उनकी सारी संपत्ति उनकी पहली पत्नी से हुए बेटे को मिली। गिरिजाबाई को गहरा सदमा लगा। वे कमलादेवी को समझातीं कि हिंदू महिलाओं को विरासत में मां-बाप की संपत्ति नहीं मिलती, अतः लड़कियों की शिक्षा ही उनकी सभी समस्याओं का समाधान है। कमलादेवी को इस घटनाक्रम से झटका लगा और वे अपनी पढ़ाई पर पूरा ध्यान देने लगीं।

गिरिजाबाई की मां उनके साथ ही रहती थीं। उनका अपना पुस्तकालय था तथा प्रतिदिन शाम को अनेक विद्वान उनके घर आया करते थे।

कमलादेवी संस्कृत श्लोकों से बहुत प्रभावित थीं। जब भी उनकी नानी उस कमरे में नहीं होतीं थीं तब वे संस्कृत का सबसे बड़ा ग्रंथ उठाकर उनकी कुर्सी पर बैठ जातीं और उसे पढ़ने का दिखावा करतीं। धीरे-धीरे उनके मन में अध्यापक बनने का विचार उठने लगा।

वे घंटों अकेले अपने में मस्त होकर बैठ सकने की अपनी नानी की क्षमता से बहुत प्रभावित थीं। शांत बैठने का यह गुण जीवन भर उनमें बना रहा।

गिरिजाबाई *केसरी* तथा *काल* जैसे राष्ट्रीय अखबार पढ़ा करती थीं जिनमें बाल गंगाधर तिलक के संदेश छपते थे। वर्षों बाद जब कमलादेवी बर्मा जो अब म्यांमार कहलाता है, की माडेल जेल देखने गईं। तो उन्हें तिलक के बारे में पढ़ी सारी बातें याद हो आईं। 1 अगस्त, 1920 को तिलक का स्वर्गवास हुआ तो कमलादेवी को हार्दिक दुख हुआ। वे ऐसे समय विदा हुए जब महात्मा गांधी ने असहयोग आंदोलन शुरू करने की योजना बनाई थी।

कमलादेवी के जीवन पर जिस अन्य व्यक्ति का गहरा असर हुआ, वे थीं उनकी मां गिरिजाबाई। उसी प्रभाव के कारण कमला देवी अंधेरे से, भूतप्रेत से या लोगों की बातों से कभी नहीं डरती थीं। वे फालतू की गप्पबाजी से दूर रहते हुए अपना समय पढ़ने में बिताती थीं। रूढ़ियों की उपेक्षा करना उन्होंने अपनी मां से सीखा। जो चीजें औरों के लिए बहुत महत्व रखती थीं, उनके लिए उन चीजों का कोई महत्व नहीं था।

7 वर्ष की उम्र में स्कूल जाना शुरू करने से पहले ही कमलादेवी संगीत की शिक्षा लेने लगी थीं। स्कूली पढ़ाई के दौरान भी उनकी तेजस्विता में कोई कमी नहीं आई। वहां रंगमंच की ओर उनका रूझान हुआ। रंगमंच के प्रति इस रूझान ने आगे चलकर उनके जीवन में अत्यंत महत्वपूर्ण भूमिका निभाई और भारतीय रंगमंच के विकास व उत्थान पर इसका गहरा प्रभाव पड़ा।

छोटी उम्र में ही पढ़ना सीख लेने के कारण कमलादेवी में पढ़ने के प्रति गहरा लगाव पैदा हो गया। यह जाने बिना कि वे क्या पढ़ने जा

रही हैं, उन्हें जो कुछ भी मिलता वे उसे पढ़ डालतीं। बड़ी होने पर उन्होंने यशस्वी व्यक्तियों की जीवनियां पढ़ीं। एनी बेसेंट की जीवनी–*एन ऑटोबायोग्राफी*–की उनके मन पर गहरी छाप पड़ी। एनी बेसेंट के प्रति कमलादेवी के मन में बहुत श्रद्धा थी। उन्हें पौराणिक कथाएं, राजस्थान की वीरता की गाथाएं, ऐतिहासिक कहानियां तथा महिलाओं से संबंधित कहानियां बहुत अच्छी लगती थीं।

कमलादेवी ने सन् 1917 में एनी बेसेंट का भाषण सुना जो उन्होंने इंडियन नेशनल कांग्रेस की अध्यक्ष चुनी जाने के तुरंत बाद दिया था। इससे पहले जब वे छह–सात साल की थीं तो उनकी मां उन्हें आशीर्वाद दिलाने के लिए एनी बेसेंट के पास ले गई थीं। कमलादेवी को एनी बेसेंट की भारतीय शैली में, भारतीय ढंग से आर्शीवाद देते समय मधुर मुस्कान सदैव याद रही।

उस समय उस नन्ही बालिका में उत्साह की लहर दौड़ गई थी और उन्हें लगा जैसे उस महान महिला की महानता के कुछ अंश का संचार उनमें हो गया जिससे वे भी महान कार्य कर सकेंगी। एनी बेसेंट के भाषण का उनके बालमन पर स्थायी प्रभाव पड़ा।

कमलादेवी का स्कूल नदी के किनारे वनस्थली में सुंदर प्राकृतिक वातावरण में स्थित था। एक दिन झाड़ी में छिपे एक चोर ने कमलादेवी के गले की माला छीनने की कोशिश की। कमला देवी ने चोर से डटकर मुकाबला किया और उसे भगा दिया।

विवाह

सन् 1920 में कमलादेवी अपनी मां और बहन के साथ चेन्नई गईं। इस यात्रा से उनका पूरा जीवन बदल गया। उनकी मुलाकात उदीयमान कवि एवं लेखक हरींद्रनाथ चट्टोपाध्याय से हुई। वे हैदराबाद में बसे एक प्रतिभाशाली बंगाली परिवार से थे। चट्टोपाध्याय ने कमलादेवी को एक विशाल जनसभा में देखा और उसी दिन शाम को जिस मित्र के पास वे ठहरे थे, उससे बोले कि वे इसी लड़की से शादी करेंगे।

कमलादेवी को शादी के बारे में फैसला करने में काफी समय लगा। वे उनकी पुस्तकों की प्रशंसक थीं, परंतु उन्हें लगता था कि यह व्यक्ति अस्थिर प्रकृति का है। अंततः वे शादी के लिए राजी हो गईं। शादी हो गई, परंतु गिरिजाबाई ने जोर दिया कि शादी के बाद भी कमला देवी पढ़ाई जारी रखेंगी। वे अपनी बेटी को ज्ञान के माध्यम से स्वतंत्र बनाने के लिए कृत संकल्प थीं। परंतु हालात बदल गए। शादी के तीन महीने बाद हरींद्रनाथ इंग्लैंड चले गए और कमलादेवी मंगलौर लौट आईं।

युवा कमलादेवी के जीवन का यह दौर अत्यंत महत्वपूर्ण बन गया, क्योंकि उसी दौरान उनकी मुलाकात अंगरेज महिला मारगरेट कज़िन से हुई जो ग्रेटा के नाम से जानी जाती थीं। जिन्होंने भारतीय महिलाओं को उदार विचारों की शिक्षा देने में उल्लेखनीय भूमिका निभाई। कमलादेवी पर उनका बहुत गहरा असर पड़ा। उनके मन में समाज, विषेशकर महिलाओं की कुछ सेवा करने की लालसा अब साकार होने लगी थी। ग्रेटा ने उन्हें नारी मुक्ति और मानवता की सेवा का मार्ग दिखा दिया।

पुस्तकों, संगीत, कविता और चित्रकला के प्रति प्रेम के कारण कमला देवी और ग्रेटा के संबंधों में प्रगाढ़ता हो गई। ग्रेटा अक्सर पियानो बजातीं और कमलादेवी गाना गातीं। इसी तरह कमलादेवी ने ग्रेटा से 'जन गण मन' गाना सीखा जो ग्रेटा ने स्वयं रवींद्रनाथ टैगोर से सीखा था। तब उन्हें मालूम नहीं था कि यही गीत एक दिन स्वतंत्र भारत का राष्ट्रगीत बन जाएगा। कुछ समय बाद कमलादेवी ने हरींद्रनाथ के पास इंग्लैंड जाने का फैसला किया। वे अपनी पढ़ाई पर ध्यान देने लगीं। उन्होंने नौकरी आदि करने के बारे में कभी नहीं सोचा था। गिरिजाबाई और ग्रेटा के प्रभाव से उनके मन में समाज सेवा की भावना बलवती हो चुकी थी।

कैंब्रिज में एक शुभचिंतक ने उन्हें समाजशास्त्र के अध्ययन की सलाह दी। कमलादेवी अपने देशवासियों की सेवा करने की क्षमता हासिल करना चाहती थीं। अतः उन्होंने बेडफोर्ड कॉलेज लंदन में प्रवेश ले लिया, जहां समाज शास्त्र विषय के रूप में पढ़ाया जाता था। आधा

दिन कक्षा में और आधा दिन व्यावहारिक कार्य के लिए लंदन की निर्धन ईस्ट एंड बस्ती में गुजारती थीं।

रंगमंच आंदोलन

हरींद्रनाथ और कमलादेवी दोनों को रंगमंच का शौक था। इंग्लैंड में रहते हुए उन्होंने तय कर लिया कि भारत लौटकर वे रंगमंच आंदोलन चलाएंगे। सन् 1918 में भारत लौटने पर रिटर्न्ड फ्रॉम एबरॉड नामक हास्य नाटक में कमलादेवी ने नायिका की भूमिका निभाई। वे गांधी जी से मिले और उनके आग्रह पर दोनों उनके आश्रम में गए। दोनों नियमित रूप से चर्खा कातते थे। कमलादेवी ने कपड़ा बुनना भी सीखा।

धीरे-धीरे देशव्यापी रंगमंच आंदोलन खड़ा करने की उनकी योजना साकार होने लगी। हरींद्रनाथ नाटक लिखते तथा संगीत संयोजन करते और कमलादेवी दृश्य रचना तथा वेशभूषा आदि का काम संभालती। हरींद्रनाथ नायक की भूमिका निभाते तो कमलादेवी नायिका की। कमलादेवी ने कहा, "हमारा विचार है कि नाटक और रंगमंच जीवन के महत्वपूर्ण सामाजिक पहलू है।" उनके नाटक जाति-प्रथा, अस्पृश्यता जैसी सामाजिक समस्याओं पर आधारित होते थे।

सन् 1923 में कमलादेवी की पहली और एकमात्र संतान, राम का जन्म हुआ। बच्चे का नाम महान संत और समाज सुधारक रामकृष्ण परमहंस के नाम पर रखा गया। राम को मधुर कंठ का गुण मां से तथा अभिनय कला माता और पिता दोनों से विरासत में मिली। कुछ बड़ा होते ही वह अपने मां-बाप के साथ दौरों पर जाने लगा। वह नाटक में बालक का अभिनय करता तथा गीत गाता था। यह नाटक मंडली स्थायी संगठन बन जाती, किंतु तभी हरींद्रनाथ को दोबारा विदेश जाना पड़ा। जब वे वहां से लौटे तो सन् 1930 का आंदोलन आरंभ हो चुका था। वे राजनीति में कूद पड़े। कमलादेवी प्रारंभ में स्वयं-सेविका के रूप में राष्ट्रीय आंदोलन के साथ जुड़ी और बाद में वे

इंडियन नेशनल कांग्रेस में महिला कार्यकर्ताओं की संयोजिका बन गईं। अंततः वे कांग्रेस कार्यकारिणी की सदस्य बन गईं।

सन् 1928-29 में कमलादेवी ने 'वसंत सेना' नामक फिल्म में छोटी-सी भूमिका की। परंतु उन्हें अधिक लगाव रंगमंच से ही था। सन् 1945 में उन्होंने मुंबई में इंडियन नेशनल थियेटर की स्थापना की। सन् 1946 में पेरिस में मुख्यालय बनाकर यूनेस्को द्वारा इंटर थिएटर इंस्टिट्यूट स्थापित होने के बाद कमला देवी ने भारतीय इकाई के रूप में भारतीय नाट्य संघ की स्थापना की।

भारतीयों को अपनी धरोहर की शिक्षा देने के लिए उन्होंने नाट्य शिल्प संग्रहालय की स्थापना की और सन् 1946 में दिल्ली में पहले लोक नाट्य महोत्सव का आयोजन किया।

सन् 1950 के दशक से कमलादेवी विदेशों में रंगमंच का अध्ययन करने लगीं। इस सिलसिले में उन्होंने अमेरिका, रूस, हंगरी और जापान की यात्रा की। ऐसी बहुत सी यात्राओं पर तो स्वयं सरकार ने उन्हें भेजा। उन्होंने चेकोस्लोवाकिया में नाटक और कठपुतलियों के खेलों के प्रदर्शन देखे।

सन् 1952 में जब वे अखिल भारतीय हस्तशिल्प बोर्ड की अध्यक्ष चुनी गई। तब इस हैसियत से उन्होंने नाट्य शिल्पों से तादात्म्य स्थापित किया। इनमें वेशभूषा, शिरोवस्त्र, आभूषण, कठपुतलियों, मुखौटे और संगीत वाद्य शामिल थे।

राष्ट्रीय नाट्य विद्यालय के पूर्व निदेशक इब्राहीम अलकाजी ने बताया है कि मुम्बई में उनके नाटकों का मंचन देखने के लिए वे हर बार प्रेक्षागृह में सीढ़ियों की छह-छह पंक्तियां चढ़कर जाती थीं।

राजनीति में

कमलादेवी ने सुना कि गांधीजी सत्याग्रह सभा (फरवरी, 1919) में शुरू करने जा रहे हैं जिसके सदस्यों ने रॉलट एक्ट का उल्लंघन करने की शपथ ली। इस कानून के तहत बिना अदालती कार्रवाई किए किसी

को भी जेल में डालने का अधिकार सरकार को मिल गया था। इस आंदोलन को शुरू करने के लिए गांधी जी को 6 अप्रैल, 1919 को मुंबई में मौजूद रहना था। इसी मौके पर कमलादेवी ने पहली बार उस महान् व्यक्ति के दर्शन किए और उन्हें बोलते हुए सुना।

उन्होंने सन् 1924 में बेलगांव कांग्रेस में स्वयंसेवक के रूप में अपना नाम दर्ज कराया। इस अधिवेशन की अध्यक्षता गांधीजी ने की। कमलादेवी को हमेशा इस बात का गर्व रहा कि उन्होंने अपना राजनीतिक जीवन झाड़ू और बाल्टी लेकर एक स्वयंसेवक के रूप में शुरू किया। वहां काफी दूर तक पैदल चलना पड़ता, कठिन व्यायाम करने पड़ते और रात को शिविर में रक्षा की ड्यूटी करनी पड़ती।

कुछ महीने बाद टाइफाइड हो जाने पर जब उन्हें आराम करना पड़ा तो उन्होंने स्वयंसेवक के रूप में अपने अनुभव लिखे। गंभीर लेखन का यह उनका पहला प्रयास था जिसमें उन्हें काफी सुख मिला।

कमलादेवी सेवादल के कार्यों में काफी समय लगाने लगीं। वे केंद्रीय प्रशिक्षण अकादमी में भरती हो गईं, जहां शारीरिक अभ्यास कराया जाता था। वहां डंडा, भाला, लाठी, तलवार, छुरी आदि चलाने तथा सूर्यनमस्कार और अन्य योगासनों का अभ्यास कराया जाता था। किसी भी स्वयंसेवक को कोई वेतन आदि नहीं मिलता था। उन्हें केवल भोजन और वस्त्र दिए जाते थे।

सेवादल से कांग्रेस के झंडे को राष्ट्रीय प्रतिष्ठा मिली और ध्वजारोहण तथा ध्वजावतरण नियमित रूप से समारोहपूर्वक किया जाता था। इस मौके पर झंडावंदन के गीत भी इस समारोह का अभिन्न अंग बन गए।

सन् 1927 में कांग्रेस ने कमलादेवी से मद्रास में वालंटियर कोर गठित करने के लिए कहा। तब तक वे कांग्रेस की सदस्य बन चुकी थीं और दिसंबर 1928 में अखिल भारतीय कांग्रेस समिति की सदस्य चुनी गईं। वे इंडियन स्पेशल कांफ्रेंस की सचिव भी चुनी गईं परंतु एक वर्ष बाद उन्होंने ये पद छोड़ दिया क्योंकि इससे सन् 1930 में सविनय अवज्ञा आंदोलन की तैयारी के सिलसिले में देश भर में चल रही राजनीतिक गतिविधियों के कारण उनका कार्य विघटित हो गया था।

उन दिनों कुछ समय के लिए कमलादेवी ने पुणे को अपना केंद्र बनाया। यह नगर तब राष्ट्रवादी गतिविधियों का केंद्र था। गोपाल कृष्ण गोखले, बाल गंगाधर तिलक और महिलाओं की स्थिति की बेहतरी के लिए लड़ने वाले महादेव गोविंद रानाडे जैसे महान सुधारक यहीं के थे। पूना सेवा सदर का काम-काज दो अत्यंत अनुशासित और शांत स्वभाव की महिलाएं जानकी बाई भट्ट और यमुनाबाई भट्ट देख रही थीं। जिन पर कमलादेवी अधिकाधिक विश्वास करने लगी थीं। पुणे में अपने प्रवास के दौरान वे सर्वेंट्स आफ इंडिया सोसाइटी के संपर्क में भी आईं। इससे पहले उन्होंने गोखले तथा देश की सेवा के लिए गठित उनके इस संगठन के बारे में सुन रखा था।

कमलादेवी गोखलेजी से कभी मिली नहीं थीं। परतुं उनके भाषण तथा लेख पढ़े थे जो उनकी मां ने पुणे से मंगाए थे। इन रचनाओं से वे काफी प्रभावित हुई थीं और उन्हें पहले-पहल सेवा की प्रेरणा उनकी इस बात से मिली कि व्यक्ति को अपना जीवन जीते हुए दूसरों की सेवा अवश्य करनी चाहिए। सोसाइटी के जिस महत्वपूर्ण सदस्य से कमलादेवी सबसे पहले मिलीं, वे थे वी. एस. श्रीनिवास शास्त्री। सन् 1923 में जब वे दक्षिण अफ्रीका में भारतीयों की दुर्दशा से अवगत कराने के लिए दौरे पर थे तो उन्होंने कमलादेवी को भी बोलने को कहा। कमलादेवी को घबराहट हो रही थी। उस समय उनकी उम्र केवल 20 वर्ष थी और स्कूल में वाद-विवाद प्रतियोगिता के सिवा उन्होंने कभी भाषण नहीं दिया था। जब हिम्मत बटोरकर वे बोलीं और अगले दिन स्थानीय अखबारों में उनके भाषण की प्रशंसा हुई। (सुर्खियों में छापा गया "वे आईं, बोलीं और विजयी हुईं") तो उन्हें पता चला कि उनमें भाषण देने की प्रतिभा मौजूद है।

महिलाओं की भलाई

सन् 1927 में नई शिक्षा नीतियों के बारे में सम्मेलन पुणे में करने का फैसला किया गया क्योंकि उन दिनों वह महिला-शिक्षा का प्रमुख

केंद्र था। अधिकतर गतिविधियों का केंद्र सेवा सदर था जिसके नेताओं ने रोजमर्रा कामकाज संभाला हुआ था। कमलादेवी ने स्वयंसेवक के रूप में छोटे-मोटे काम संभालने की इच्छा प्रकट की और उन्होंने रेलवे स्टेशन पर रात को पहुंचने वाले प्रतिनिधियों की अगवानी की जिम्मेदारी संभाली। उन्होंने इस मौके के महत्व को समझा क्योंकि इसी सम्मेलन में ऑल इंडिया विमेंस कांफ्रेंस का जन्म हुआ। जिसने आगे चलकर करीब 30 वर्ष तक देश के राष्ट्रीय मामलों में, विशेषकर भारतीय महिलाओं की स्थिति बदलने में महत्वपूर्ण भूमिका निभाई।

इसी मौके पर कमलादेवी की मुलाकात उस समय की अधिकतर महिला नेताओं से हुई। सम्मेलन समाप्त होने पर सरोजिनी नायडू ने उन्हें महासचिव का पद संभालने को कहा। इससे पहले कि कमलादेवी इंकार कर पातीं, सरोजिनी नायडू ने धन्यवाद प्रस्ताव पेश कर दिया। कमलादेवी घबरा गईं। उन्होंने ग्रेटा को बताया कि उन्हें डर था कि इतनी बड़ी-बड़ी महिलाओं के सामने मेरी बदनामी न हो जाए।

कमलादेवी ने सचिव पद का काम बड़ी गंभीरता से संभाला। वे अपने कार्यालय का प्रबंध स्वयं संभालती थीं। असल में एक तरह से वे खुद ही कार्यालय थीं। उन्होंने शार्टहैंड और टाइपिंग सीख ली। वे डाकघर में पत्र डालने से लेकर दफ्तरी तक के सारे काम खुद किया करती थीं। उन्होंने कहा, "मुझे खुशी है कि मैंने सभी काम स्वयं किए, क्योंकि इससे मैं आत्मनिर्भर बन सकी।"

विभिन्न सम्मेलनों में जाने के लिए उन्होंने रेलवे को मासिक आधार पर रियायती टिकट देने को राजी किया जिससे एक यात्रा के टिकट पर दो यात्राओं की सुविधा मिल सके। इससे बच्चों और घर के बोझ से मुक्त होकर महिलाएं अकेली ही लंबी यात्राएं कर सकती थीं।

निम्न आय वर्ग की महिलाओं के साथ सतत संपर्क रहने से ही कमलादेवी को ज्ञात हुआ कि वे किन हालात में रहती हैं। उन्होंने महिला श्रमिकों की समस्याओं में गहरी दिलचस्पी ली।

मदुरै में बड़ी कपड़ा मिलों के मालिकों ने नोटिस लगाकर मजदूरों से अपनी यूनियन भंग करने को कहा। कमलादेवी के भाषणों से

महिलाओं को इसका विरोध करने की प्रेरणा मिली और उन्होंने अपने पतियों को यूनियन न तोड़ने को तैयार किया। मंगलौर नगर में मजदूर संघों को संगठित करने का काम सबसे पहले कमलादेवी ने ही किया।

विमेंस कांफ्रेंस ने महिला मजदूरों की समस्याओं को उठाया। कमलादेवी ने बंगाल और असम में सर्वेक्षण किए। सन् 1930 के दशक में भारत से काजू का निर्यात शुरू हुआ तो काजू की गिरी को चिकना बनाने की जरूरत महसूस हुई। उन्हें कटने के निशान से बचाने के लिए मजदूरों को, जो लगभग सभी महिलाएं थीं, चाकू इस्तेमाल करने से रोक दिया गया। इसका मतलब था कि उन्हें अपने नाखूनों से ही काजू छीलना पड़ेगा। इसके विरोध में कमलादेवी ने काजू के सबसे बड़े केंद्र मंगलौर में हड़ताल करा दी।

कमलादेवी के महासचिव बनने से कई असाधारण परिणाम परोक्ष रूप से सामने आए। वे नई दिल्ली में असेंबली की इमारत में जो अब ससंद भवन है, आने-जाने लगीं। वहां वे उस समय के प्रतिष्ठित नेताओं-लाला लाजपत राय, देवर चुनरलाल, तुलसी गोस्वामी, आर.के. षण्मुखम चेट्टिट, मोहम्मद अली जिन्ना आदि से मिलीं।

एक बार वे कुछ मुद्रित सामग्री लेकर मोतीलाल नेहरू के पास उनकी सहायता मांगने गईं। मोतीलाल नेहरू ने उनसे कहा, "क्या तुम समझती हो कि तुम जैसी छोटी-सी लड़की की बातें मानकर हम सब इस काम को गंभीरता से लेने लगेंगे?" कमलादेवी स्तब्ध रह गईं। उनका मन किया कि धरती फट जाए और वे उसमें समा जाएं। परंतु उन्होंने हिम्मत करके कहा, "यदि आप चाहें तो मैं अपनी जगह बुजुर्ग अनुभवी औरतों को भी ला सकती हूं। इस पहली मुलाकात के फलस्वरूप उन्हें इलाहाबाद में आनंदभवन आने का बुलावा मिला और नेहरू परिवार के साथ उनकी मित्रता हुई।

सन् 1929 में कमलादेवी कई सम्मेलनों में भाग लेने के लिए यूरोप गईं। इस यात्रा के दौरान अनेक घटनाएं हुईं। बर्लिन में यह देखकर कमलादेवी का मन रो उठा कि अन्य सभी देशों के अपने ध्वज थे, जबकि भारतीय लोग ब्रिटिश ध्वज यूनियन जैक के नीचे जमा हुए थे।

उन्होंने आयोजकों से शिकायत की कि उनके देश का झंडा क्यों नहीं लगाया गया? उनका जवाब था कि उन्हें मालूम नहीं है कि भारत का अपना ध्वज भी है। कमलादेवी ने जोर देकर कहा कि भारत का अपना ध्वज है और वे उसे फहराने के लिए पेश करेंगी। भारतीय प्रतिनिधियों ने अपनी साड़ियों से टुकड़े लेकर सफेद हरे और केसरिया रंग का भारतीय तिरंगा झंडा तैयार किया।

परंपराओं को प्रोत्साहन

यूरोप की यात्रा से कमलादेवी नए विचार लेकर भारत लौटीं। उन्होंने स्कूलों में लोकनृत्यों को बढ़ावा देना शुरू किया। महिलाओं द्वारा तैयार हस्तशिल्प वस्तुओं की प्रदर्शनी लगाने तथा प्रतिनिधियों की ओर से सांस्कृतिक कार्यक्रम प्रस्तुत किए जाने की प्रथा चल पड़ी। कमलादेवी ने नाट्य शैलियां विकसित कीं और मंचन करने वाली नाटक मंडलियों को प्रोत्साहित किया। यही बात शिल्प के बारे में थी। उन्होंने कपड़ों के कई परंपरागत डिजाइन एकत्रित किए। इसने उन्हें ऐसे रास्ते पर डाल दिया जिसे कुछ वर्ष बाद उन्होंने अपनाया और उसके शानदार परिणाम दिखाई दिए।

सन् 1929 में सबसे महत्वपूर्ण मुद्दा था 'पूर्ण स्वराज' के लिए संघर्ष। कमलादेवी ने पांच हजार लोगों की सभा में भाषण दिया। उस समय वे अत्यंत सुंदर लग रही थीं। छरहरा बदन, बड़ी-बड़ी चमकदार आंखें, लंबे सुंदर केश तथा छोटे-छोटे कोमल हाथ-पांव—उन्हें 'स्वतंत्रता संग्राम की सर्वाधिक रोमानी प्रतिमा कहा जाता था। उन्होंने मराठी साड़ी पहन रखी थी। कानों में मोतियों के झुमके पहन रखे थे और बड़ी-सी बिंदी लगा रखी थी। लोगों ने मंत्रमुग्ध होकर उनका भाषण सुना।

26 जनवरी, 1930 का दिन स्वतंत्रता के लिए काम करने की शपथ लेने का दिन था। उस दिन दोपहर बाद आजाद मैदान (खुला मैदान) में लाखों लोग शपथ लेने के लिए उमड़ पड़े। सभी की निगाहें उस

ध्वज दंड की ओर थीं जिस पर तिरंगा लहरा रहा था।

कमलादेवी उस समय झंडे के करीब खड़ी थीं जब हंसिया और हथौड़े वाला लाल झंडा लिए कुछ लोग अचानक वहां पहुंचे और राष्ट्रीय ध्वज के समीप अपना झंडा लगाने का प्रयास करने लगे। अफरातफरी मच जाने से लाल झंडा फट गया और उन लोगों ने बदला लेने के लिए तिरंगा झंडा फाड़ने की कोशिश की। समय की अनिवार्यता देखते हुए बिना परिणाम सोचे अविलंब कमलादेवी ने अपना शरीर झंडे के आगे कर उसे दोनों हाथों से थाम लिया। उन्हें इस बात की परवाह नहीं थी कि उनके हाथों पर चोट लग चुकी थी और रक्त टपक रहा था।

उनके चारों ओर खड़े लोग राष्ट्रभक्ति के गीत गाते रहे। तभी उन्होंने कुछ लोगों को कहते सुना, "शाबाश! बहुत बढ़िया! उन्होंने हमारे ध्वज का अपमान होने से बचा लिया।" एक व्यक्ति ने धीरे से कमलादेवी के हाथों से बह रहा खून पोंछ दिया। वे थे चन्द्र भेर जौहरी, जिन्होंने संदेश पहुंचाने तथा कई अन्य कठिन काम जिन्हें बड़े नहीं कर सकते, करने के लिए प्रशिक्षित बच्चों की वानर सेना का गठन किया था।

सविनय अवज्ञा आंदोलन ज्यों-ज्यों जोर पकड़ता गया नमक शब्द बहुत महत्वपूर्ण होता गया। महात्मा गांधी ने नमक कानून तोड़ने के लिए 12 मार्च, 1930 को साबरमती आश्रम से गुजरात के समुद्र तट पर डांडी तक की करीब दो सौ मील की ऐतिहासिक यात्रा प्रारंभ की।

जब इस यात्रा की तैयारियां की जा रही थीं तो स्वयंसेवकों में महिलाओं को भी शामिल करने का निश्चय किया गया। कमलादेवी ने महात्मा गांधी से मिलकर कुछ स्त्रियों को यात्रा में शामिल होने की अनुमति देने का अनुरोध किया। कमलादेवी ने कहा, "यदि स्त्रियों को यात्रा में शामिल होने का मौका दिया गया तो उनमें जिम्मेदारी और समर्पण की भावना आएगी।" इसके फलस्वरूप कमलादेवी तथा अनर्तिकाबाई गोखले को कानून तोड़ने वालों के पहले जत्थे में सम्मिलित किया गया।

नमक तैयार कर लिया गया और अगली कार्रवाई थी उसकी बिक्री। कमलादेवी नीलामी नमक द्वारा नमंक बेचने के लिए मुंबई शेयर बाजार पहुंची। पहली थैली 501 रूपए में बिकी। आधे घंटे में ही उन्होंने 4,000 रूपए की बिक्री कर दी।

एक दिन तो मुंबई हाईकोर्ट में ही नमक बेचकर उन्होंने अंग्रेजों को उनके ही मैदान में जाकर मात दे दी।

कमलादेवी ने मुंबई के बाहरी इलाकों में कड़ाहों को लूटने की योजना बनाई। उनका काम था बड़ी संख्या में लोगों को जमा करना। परंतु धावा बोलने के अवसर पर 1 जून, 1930 को कमलादेवी को गिरफ्तार कर लिया गया। सात वर्षीय राम जो उनका प्रतिनिधि था। उसने गर्वपूर्वक बैनर उठाया। मजिस्ट्रेट ने उन्हें छह महीने की साधारण कैद की सजा सुनाते हुए कहा कि कमलादेवी ने अन्य लोगों की अपेक्षा ज्यादा व्यक्तियों को कानून तोड़ने के लिए उकसाया है।

सन् 1930 में पूरे देश में असंतोष व्याप्त था। सत्याग्रह आंदोलन के साथ-साथ हिंसक घटनाएं भी हो रही थीं। सन् 1931 में जेल से रिहा होने के बाद कमलादेवी को सेवकदल के स्वयंसेवकों का प्रभारी बना दिया गया। उन्हें महिलाओं को प्राथमिक चिकित्सा से अग्निशमन कार्य तथा लाठी गोली झेलने आदि का प्रशिक्षण देना था।

इस समय तक अपने पति हरींद्रनाथ से उनका संबंध विच्छेद अंतिम रूप से हो गया था। कमलादेवी को लगा कि यदि हर कदम पर परिवार की तरफ से बाधा खड़ी की जाती रही तो उनके लिए स्वाधीनता की लड़ाई जारी रख पाना असंभव था। जिस समय कमलादेवी जेल में थीं, हरींद्रनाथ अरविंद आश्रम में चले गए और तीन वर्ष तक वहीं रहे। राम मंगलौर में था। पिता के पास से नानी के पास और वहां से फिर पिता के परिवार में मिल जुल कर रहा और खुश रहा।

राम ने सन् 1939 में मैट्रिक की परीक्षा पास की। उन दिनों राजनीतिक क्षेत्र में विशेष गतिविधियां नहीं थीं। अतः इस मौके का उपयोग करते हुए कमलादेवी ने राम को विदेश में किसी अच्छे कॉलेज में भरती कराने का विचार किया। वे स्कैंडिनेवियाई देशों में गए जहां

सहकारिता सशक्त रूप से विकसित हो चुकी थी। कमलादेवी ने सहकारी समितियों की कार्यप्रणाली का अध्ययन किया। आर्कटिक वृत्त को पार करने के बाद कमलादेवी और राम ने आधी रात को सूर्य देखा। उन्होंने ट्रेकिंग तथा पर्वतारोहण का भी आनंद लिया।

इस बीच कमलादेवी को व्हाइट हाउस में श्रीमती रूजवेल्ट के साथ चाय के लिए निमंत्रण मिला। 12 जनवरी, 1941 को बॉम्बे क्रॉनिकल ने हॉलिवुड में कमलादेवी के सम्मान में आयोजित पार्टी का चित्र प्रकाशित किया। अमेरिका में आम धारणा यह थी कि भारत योग, सर्पों तथा भविष्यवक्ताओं का ही देश है। न्यूयार्क में एक दिन एक छोटी-सी लड़की उनके पास आई और अपनी हथेली उनके सामने करते हुए बोली, "मैडम, कृपया मेरा भविष्य बताइए।"

लेखन

भारत लौटकर अन्य कई पुस्तकें लिखने के साथ-साथ उन्होंने अपने अनुभवों पर पुस्तक लिखी। इनमें अमेरिका *दि लैंड ऑफ सुपरलेटिव्ज़, अंकल सैम्स एम्पायर* और *टुवर्डस ए नेशनल थियेटर* शामिल हैं। इसके अलावा उन्होंने सूरत में अब्रम में ऑल इंडिया वीमेंन्स कांफ्रेंस (अखिल भारतीय महिला सम्मेलन) के लिए शिविर का आयोजन किया। कमलादेवी सम्मेलन की अध्यक्ष चुनी गईं। यह सन् 1942 का वर्ष था जब देश में महत्वपूर्ण राजनीतिक घटनाएं घटित हो रही थीं।

कमलादेवी को दो वर्ष की कैद हो गई । यह समय उन्होंने पढ़ने-लिखने में बिताया। सन् 1944 में जेल से बाहर आने पर उन्होंने सारे देश का भ्रमण किया। सन् 1942-43 में बंगाल के अकाल के दौरान खोले गए बहुत से अनाथालय तथा आश्रम गृह उपेक्षित पड़े थे। अब कमलादेवी ने "बच्चों को बचाओ," नारे के साथ उनकी भलाई को अपना विशेष कार्य मानकर इन संस्थाओं की ओर ध्यान देना शुरू किया। बच्चों की देखभाल एवं शिक्षा के लिए कई नए संस्थान खोले। उन्होंने बच्चों की देखरेख तथा शिक्षा के कार्य में लगे युवाओं

के प्रशिक्षण के लिए छात्रवृत्ति दिलाने की भी व्यवस्था की।

जब उन्होंने देखा कि मुंबई शहर से बाहर चिकित्सा का कोई अच्छा इंतजाम नहीं है तो उन्होंने चलते-फिरते चिकित्सालय शुरू करने का सुझाव दिया। उन्होंने कामकाजी लड़कियों के लिए हॉस्टल खोलने की दिशा में भी शुरूआत की। उन्होंने इस काम पर पूरा ध्यान दिया। न केवल बड़े शहरों में बल्कि जिले के कस्बों में भी लड़कियों के लिए हॉस्टल खोले गए। इस क्षेत्र में उनके योगदान को देखते हुए नई दिल्ली में ऑल इंडिया विमेंस कांफ्रेंस के हॉस्टल का नाम उनके नाम पर रखा गया।

सन् 1946 में कमलादेवी को कांग्रेस कार्यकारिणी की सदस्य चुने जाने का गौरव प्राप्त हुआ। परंतु उन्होंने असेंबली की सदस्य बनने से मना कर दिया। उनकी राजनीति में कोई दिलचस्पी नहीं थी। वे राजनीति में स्वतंत्रता प्राप्ति के–खास उद्देश्य से आई थीं और आजादी मिल जाने के बाद कोई भी उन्हें राजनीति में बने रहने के लिए राजी नहीं कर सका।

जैसा कि उन्होंने 23 जनवरी, 1966 के *भारत ज्योति* में प्रकाशित लेख 'रिफ्लेक्शंस आफ्टर सिक्स्टी' में भी लिखा, "जब भारत स्वतंत्र हुआ तो मैं व्यक्तिगत रूप से भी आजाद हो गई। मैं राजनीति के राजमार्ग को छोड़कर रचनात्मक कार्य की गली में उतर आई और कारीगरों, कलाकारों आदि के बीच काम करने लगी जो कलात्मक वस्तुओं का सृजन एवं निर्माण करते हैं।"

कमलादेवी को कई महत्वपूर्ण पदों की पेशकश की गई। उन्होंने पहले कैबिनेट मंत्री और बाद में मास्को व काहिरा में राजदूत पद के प्रस्ताव ठुकरा दिए।

अब चूंकि वे स्वतंत्र थीं तो सब काम जो उन्हें पसंद थे, वे स्वतंत्रता से कर सकती थीं।

ब्रिटेन द्वारा 15 अगस्त, 1947 की मध्यरात्रि के एक मिनट पश्चात् हुए उत्कृष्ट और भव्य समारोह में भारत को सत्ता हस्तांतरण हुआ। हर एक भारतीय के लिए आनंद की घड़ी थी। भारत विभाजन के

कारण लाखों की तात्कालिक आवश्यकताएं पूरी करने के लिए औषधालयों तथा लंगरों की व्यवस्था की गई। परंतु अकेली कमलादेवी ही थीं जिनका ध्यान इन लोगों के भविष्य की ओर गया। वे प्रतिदिन किंग्जवे कैंप जाकर पता करतीं कि इन्हें अपने पांव पर खड़ा होने लायक बनाने के लिए क्या किया जा रहा है।

सन् 1947 का सितंबर का महीना था। कमलादेवी ने अश्रुपूरित नेत्रों से हजारों गरीब लोगों को दिल्ली आते देखा तो उनके मन में विचार कौंधा, "झंझावात में गिरे पत्तों की तरह बिखरे ये लोग क्या अपनी क्षमता और प्रतिभा का मिलजुल कर इस्तेमाल करके अपना जीवन नहीं बना सकते?" इसका एक ही उत्तर उनके पास था, 'सहयोग'।

उन्होंने लिखा, "बचपन से ही मेरी इच्छा कुछ नया कर दिखाने की रही है। मैं बचपन से ही खड़िया और रंगों से, मिट्टी और लकड़ी से भजनों और गीतों से मन बहलाव करती रही तथा छोटी-छोटी चीजें बनाती रही हूं। मैंने एक बड़े नाटक का सपना देखा था जिसमें मैं भी भूमिका निभा पाती। अब वही मेरे सामने था जिसके लिए मैंने जीवन भर प्रतीक्षा की–एक विस्तृत फलक, मानवीय मिट्टी तथा स्वयं जीवन द्वारा उपलब्ध कराया गया रंगमंच।"

आज भारतीय सहकारिता संघ के साथ 25 कृषि समितियां संबद्ध हैं जिनकी 1,500 से अधिक परिवारों की सदस्यता है।

कमलादेवी ने जिस एक और नई प्रणाली का शुभारंभ किया, वह थी संघटित ऋण प्रणाली जिसकी अक्सर नकल की जाती रही है। किसानों को ऋण तथा विशेषज्ञों की सलाह उपलब्ध कराई गई। कमलादेवी ने जोर दिया कि कृषि उपज दुग्ध उद्योग और मुर्गी-पालन के साथ-साथ फल, सब्जियां और फूल उत्पादन को बढ़ावा दिया जाए।

महिलाओं की ओर कमलादेवी विशेष ध्यान देती थी। उन्होंने वस्त्र बनाने, खाद्य पदार्थ बनाने तथा मसाले तैयार करने, अचार, चटनी और कागज बनाने, कशीदाकारी करने तथा खिलौने बनाने जैसे विविध प्रकार के कार्यों के लिए महिलाओं की अनेक सहकारी समितियां गठित कीं। उन्होंने बुनकरों को संगठित किया, उन्हें ऋण

तथा अन्य सुविधाएं दिलवाई और हथकरघा सहकारी समितियां बनाईं।

सन् 1966 में उन्हें सामुदायिक नेतृत्व के लिए मेगसेसे पुरस्कार प्रदान किया गया।

हस्तशिल्प

अखिल भारतीय हस्तशिल्प बोर्ड का गठन सन् 1952 में हुआ। कमलादेवी को खादी को आकर्षक बनाने के लिए अनेक डिजाइन विकसित करने तथा हर स्थान से हस्तशिल्प की वस्तुएं एकत्र करने जैसे अनेक अनुभवों को देखते हुए उन्हें बोर्ड का अध्यक्ष बनाया गया।

उन्होंने कॉटेज एंपोरियम का काम संभाला और यह दिल्ली की एक प्रतिष्ठित दुकान के रूप में प्रसिद्ध हो गया। कमलादेवी का मानना था कि हस्तशिल्प से देश की प्रगति में मदद मिली है। उन्होंने हस्तशिल्पों की तलाश के प्रयास किए। इसके लिए उन्हें कई जगहों पर जाना पड़ा। उन्होंने देश के छोटे-छोटे गांवों और अछूते इलाकों में जाकर यह काम किया। उन्होंने देश का कोना-कोना छान डाला। वे हर शिल्पकार से मिलीं। उनके लिए कोई जगह दूर और कोई कलाकार छोटा नहीं था। एक बार कमलादेवी ने चंबा की एक महिला से मिलना चाहा जो कशीदाकारी के लिए मशहूर थी। उनके मातहत काम करने वाले अधिकारियों ने कहा, “आपका वहां जाना बहुत मुश्किल है। वह जगह बहुत गंदी और बदहाल है।” इसके बावजूद वे उस प्रतिभाशाली महिला से मिलने गईं। कमलादेवी को अपने सामने पाकर उसकी आंखों में आंसू छलछला आए। कमलादेवी ने उस महिला के लिए पुरस्कार की सिफारिश की और अगले वर्ष वह महिला बड़े समारोह में पुरस्कार ग्रहण करने के लिए खड़ी थी।

साड़ियों के लिए विख्यात स्थान पैठण में कमलादेवी को बहुत कम बुनकर दिखाई दिए। उन्होंने उनका एक समूह बनाया और उनका काम दिल्ली ले आईं।

कश्मीर के कारीगर उन्हें “हस्तकला मां” (हस्तशिल्प की माता)

कहते थे और अपनी सर्वोत्कृष्ट कृतियां उन्हें दिखलाया करते थे।

उन्होंने बालूचर व तंचोई की सुंदर बुनाई और कश्मीर के कीमती और भारी जामावार शालों की कला पुनर्जीवित करने के भी प्रयास किए।

शिल्प और शिल्पकारों का पता लगा लेने के बाद अगला काम था उस शिल्प के संरक्षण और विकास की ओर ध्यान देना। इसके लिए भारत तथा विदेशों में प्रदर्शनियां आयोजित की गईं। जिन क्षेत्रों में कोई शिल्प प्रचलित था उनमें उस शिल्प के डिजाइन केंद्र स्थापित किए गए तथा परंपरागत डिजाइन भी एकत्र किए गए।

कमलादेवी संगीत की बहुत शौकीन होने के साथ-साथ स्वयं भी संगीतकार थीं। उन्हें भारतीय संगीत वाद्यों के खराब रूप तथा स्वर से बहुत निराशा होती थी। उन्होंने परंपरागत ढंग से प्रामाणिक संगीत वाद्य तैयार करवाने के उद्देश्य से मद्रास में एक केंद्र की स्थापना की।

कठपुतली तथा कलमकारी चित्रकला के केंद्र भी खोले गए। सन् 1962 में हस्तशिल्प बोर्ड की अध्यक्ष की हैसियत से कमलादेवी ने उत्तर-पूर्व सीमांत एजेंसी (अरूणाचल प्रदेश) और नागालैंड का दौरा किया। इन क्षेत्रों में जाने वाली वे पहली भारतीय महिला थीं। वे जनजातीय लोगों के लिए कुछ करना चाहती थीं।

इन सब प्रयासों से देश में शिल्प की अपार संपदा लोगों के सामने आई और हस्तशिल्प उद्योग देश में सबसे अधिक रोजगार देने वाला उद्योग बन गया, जिसमें 10 लाख से अधिक व्यक्तियों को काम मिला।

कमलादेवी का सबसे बड़ा योगदान था शिल्पकारों की प्रतिष्ठा बढ़ाना। उन्होंने महसूस किया कि वे कलाकार हैं। जब उन्हें संगीत-नाटक अकादमी की फेलोशिप मिली तो उन्होंने महसूस किया कि इसके लिए तो शिल्पकारों का शुक्रिया अदा किया जाना चाहिए।

पुरस्कार

उन्होंने शिल्पकारों के लिए राष्ट्रीय पुरस्कारों की शुरूआत की। तब से हर वर्ष शिल्पकार दिल्ली आकर राष्ट्रपति पुरस्कार ग्रहण करते हैं।

सन् 1956 में कमलादेवी ने पश्चिम अफ्रीका के शिल्पों का अध्ययन करने के लिए वहां की यात्रा की। सेनेगल की राजधानी डकार में सन् 1967 में आयोजित नीग्रो कला समारोह में उन्हें राष्ट्रपति की अतिथि के रूप में आमंत्रित किया गया।

सन् 1964 में विश्व शिल्प परिषद् की स्थापना हुई और न्यूयॉर्क में इसका मुख्यालय बनाया गया। एशियाई देशों को प्रतिभागी के रूप में वहां लाने का दायित्व कमलादेवी को सौंपा गया। वे परिषद् की उपाध्यक्ष बनाई गईं।

कमलादेवी ने अनेक अंतराष्ट्रीय सम्मेलनों में भारत का प्रतिनिधित्व किया। उन्होंने यूनेस्को तथा मानव अधिकार आयोग में भारत सरकार के प्रतिनिधि नाते भाग लिया।

इस दौरान उन्होंने हाथी के दो बच्चे लॉस एंजेलिस, अमेरिका तथा ऑस्ट्रेलिया के बच्चों को भेंट स्वरूप भेजे। ये भारतीय नाट्य संघ की ओर से भेंट किए गए। इनमें से एक का नाम गीता और दूसरे का अपनी दात्री के नाम पर कमला था।

इसके बाद कमलादेवी को लगातार पुरस्कार मिलने लगे। सन् 1962 में उन्हें सामाजिक एवं आर्थिक क्षेत्र में सेवाओं के लिए होनोलूलू, हवाई, में शुरू किया गया वाटुमल फाउंडेशन पुरस्कार प्रदान किया गया। तत्कालीन चेकोस्लोवाकिया के राष्ट्रपति ने उन्हें अंतरराष्ट्रीय सद्भाव बढ़ाने के लिए अपने देश का स्वर्ण पदक दिया। विश्वभारती विश्वविद्यालय ने उन्हें देशिकोत्तम उपाधि से सम्मानित किया। वे इतनी विनम्र थीं कि सन् 1966 में मेगसेसे पुरस्कार मिलने की खबर पाकर बोली, “जरूर कहीं कोई गलती हुई है। यह पुरस्कार तो महान विभूतियों को दिया जाता है।”

कमलादेवी का जीवन भारत के सर्वाधिक उत्तेजनापूर्ण इतिहास के 50 से अधिक वर्षों को अपने में समेटे था। और राजनीति से लेकर रंगमंच, महिला अधिकार और शिल्प सहकारिता तक के विविध क्षेत्रों में वे सक्रिय रहीं।

स्वतंत्रता संग्राम ने महिलाओं को घरों से बाहर निकलने तथा उस

महायुद्ध में सामूहिक रूप से भाग लेने की प्रेरणा दी। यह परिवर्तन स्वाभाविक ढंग से अपने आप नहीं आ गया। इसके लिए कमलादेवी जैसी समाज सुधारक और मार्गदर्शक महिलाओं ने अथक प्रयास किए।

कमलादेवी का बचपन एकाकी था। वे शर्मीली तथा अपने में सिमटी रहने वाली लड़की के रूप में बड़ी हुई जिसे भीड़ के सामने जाने, यहां तक कि किसी से रास्ता तक पूछने में संकोच होता था। परंतु भाग्य उन्हें दूसरी ही राह पर ले गया।

उन्होंने शिल्पकारों तथा उनके शिल्प के प्रति सेवा का अपना आदर्श इस कदर निभाया कि अपनी सारी अचल संपत्ति और मेगसेसे पुरस्कार से मिली राशि का बड़ा हिस्सा उन्होंने मंच शिल्प के लिए श्रीनिवास मल्लैया ट्रस्ट को दान कर दिया। निरंतर यात्राओं पर रहने के कारण उन्हें सारे विश्व में रंगमंच, डिजाइन और शिल्प के क्षेत्र में उभरने वाली नई-नई प्रवृत्तियों की पूरी जानकारी रहती थी। उन्होंने युवा लोगों के साथ कंधे से कंधा मिलाकर काम किया। वे उनका मार्गदर्शन करने के साथ-साथ उनसे सीखने में भी विश्वास रखती थीं। वे कहा करती थीं, "मैं उनसे सीखती भी हूं। यह इकतरफा रास्ता नहीं है।"

एक बार रेडियो पर, 'काश! मैं फिर 21 साल की हो जाती' विषय पर मार्मिक वार्ता में कमलादेवी ने अपने जीवन की अपूर्ण इच्छाओं का ब्यौरा देते हुए कहा, "यदि मुझे 21 साल की उम्र से अपना जीवन फिर शुरू करने का मौका मिलता तो मैं सामान्य चीजों को अपनी छाती से लगाकर रखती और बड़ी चीजों को छोड़ देती। मैं ज्यादा से ज्यादा समय पढ़ने-लिखने पर लगाती, अपने बेटे के साथ समय बिताती तथा संगीत में खोई रहती।"

उनका विवाह हरींद्रनाथ चट्टोपाध्याय से हुआ जिनकी संगीत और अभिनय क्षमता उनके काव्यात्मक आदर्श की भांति ही ऊंची थी और दोनों ने "स्वप्न और अभिलाषाएं मिलकर पूरी करने" तथा भारत में नया रंगमंच आंदोलन खड़ा करने में खुद को समर्पित करने के लिए विवाह किया था।

कमलादेवी ने भारत में सांस्कृतिक पुनर्जागरण लाने में अग्रणी

भूमिका निभाई। वे भारतीय शिल्प को ख्याति दिलाने की दिशा में जीवन भर अथक प्रयास करती रहीं। देश के कोने-कोने में गांव-गांव घूमकर उन्होंने शिल्पकारों से मुलाकात की, नए डिजाइन तथा नए विचार दिए और परंपरागत और आधुनिक प्रवृत्तियों में समन्वय करना सिखाया।

कमलादेवी का निधन 29 अक्टूबर, 1988 के ब्रीच केंडी अस्पताल में हुआ, जहां उन्हें हस्तशिल्पों की अखिल भारतीय प्रदर्शनी, शिल्पी उत्सव में अचानक तबीयत बिगड़ जाने पर दाखिल कराया गया था। उस समय वे 85 वर्ष की थीं।

"यह जीवन की छोटी-छोटी बातें थी जिन्हें मैंने सदैव चाहा जो मेरे लिए अनंततः अर्थपूर्ण थीं, क्योंकि मैं मूलतः मानवतावादी व्यक्ति हूं। मानव होने का आशय है साधारण वस्तुओं का चाहना और पाना जिन्हें हम प्रायः छू कर निकल जाते हैं या दूर फेंक देते हैं; यदि मैं फिर से 21 वर्ष की होती तो ऐसा न कर उन्हें अपने कोष में संकलित कर लेती।"

कमलादेवी चट्टोपाध्याय
(रेडियो वार्त्ता का अंश शीर्षक
'आह! यदि मैं पुनः 21 वर्ष की होती।')